The Official Globalization Of The

La Globalizacion Oficial De La

A.L.K.Q.N.

**Written by,
King Mission**

**Translated by,
King Martyr and King Outlaw**

Cover, cover art, and interior design by:

www.lulu.com

Back cover art:

Queen Journey

ISBN: 978-1-4357-1831-9

Ocha Chapter

*We are on a **Mission** and keep all around us on a strong*

***Radar**. With our **Machete** in hand, we embark on this*

***Journey** and become **Outlaws** to injustice. Oppression*

*knows that its **Apocalypse** is near as we **Advocate** for our*

community to progress. Our sacrifice is recognition

*enough, for as **Wizeone**s, we need not be **Martyr**ed. We will*

be present in all areas and will learn the needs of all of our

global brothers and sisters. In lands as far away as France,

*we will strategically blend in as **Frenchy**s as we learn and*

master all that is around us. We will not drown in the sea

of blood that this system has created; we will simply swim

*and be known as our ancestors knew us...**Kahayarix**; the*

*red sharks. We bring to the table true **N.E.L.** ... Never*

Ending Loyalty to our Crown and Nation.

<u>www.ALKQN.org</u>
The Only Authorized and Official
Website of the Almighty Latin King
and Queen Nation

1-877-ADR-ADC-5
1-877-237-232-5

"If we don't fight, don't resist, don't organize and unify, get the power to control our own destiny...then we display acquiescence with our own oppression and that of others. The audacity and the fearlessness of the men and women of the ALKQN to fight the repressive global forces affecting the Latin-Diaspora is more tenacious than ever before."

Ameejill C. Whitlock, MSW –Historian/Policy Analyst

"As you read these words don't analyze them from a scientific or rhetorical standpoint. These are REAL stories about REAL people trying to make a difference. This is not an after-school special; there are REAL lessons to be learned here - about the continual social, cultural, and economic injustices our communities are facing, and how the brothers and sisters of the ALKQN are addressing these ills that plague us. Colleges across the nation celebrate and embrace the accolades and successes of fraternities and sororities with helping young people find their way - we should do the same with ALKQN."

Omar E. Torres, MPA
Member, National Association of Student Personnel
Administrators

Table of Contents

Forward

The Almighty Latin King Queen Nation is an organization with many different ideas of what it should be, could be, and at times what it used to be. The need to write a book about the ALKQN by the ALKQN has come about from many conversations from members in every corner of this Almighty Nation.

As you read this book I ask you to keep an open mind to what is being said here. There will be thoughts expressed that you may not agree with but keep in mind that one's perception is one's reality. Given that fact, think about your own story and how you would write it out. Would you talk about that dark secret that the whole family knows about but no one talks about? If you don't then it wouldn't be the whole story instead a loosely told story based on some events in your life.

We as a Nation are well aware of the negative past that our beloved Brothers and Sisters have participated in and few are aware of all the positive that does happen on a daily basis. Regardless of what has transpired, we as a family must deal with these issues as any other family would, with AMOR. Love is a hard thing to come by in recent times, considering all the hate that is published in the world this publication will touch on certain issues that will make some people uncomfortable and open eyes for others but it is being communicated out of LOVE, as I have already said, keep an open mind to things.

At first light the ALKQN was seen as a group of young men and women that fought for their right to live in a neighborhood that they didn't choose to live in but dsplaced into by the beginnings of gentrification in the Lincoln Park area of Chicago. The group was known as the Latin Kings organization, for a short while, with a small office on North Ave. in the Westtown community that printed a small community newspaper with letters from Brothers doing time in prison. These letters communicated the need for money to survive in prison, knowledge about the happenings in the community, and the freedom of thought that even though they were in prison they still felt as being part of the fight in their community. Most letters ended with a cheerful joke and the usual "hey tell lil bro I'll see him soon". Now, the ALKQN has grown into a multi-national organization incorporating many different nationalities, men, women, young adults, clergy, doctors, military personel lawyers, etc. to create a new way of being. The ALKQN also has its murderer drug dealers, abusers, thieves, etc. but as we look at any other Nation we don't differ much other than not have billions of dollars and invading other countries for exercise.

The Nation does its best to redirect individuals that are negative to do better and at times it works and other times it doesn't. The senior leadership of the ALKQN at no time will condone the use of violence or encourage any type of illegal activity on behalf of the Nation or for any individual of the Nation as we know that it provides no help to the people that we have sworn to serve and protect from their oppressors.

The Almighty Latin King Queen Nation has four very specific reasons for its existence and those reasons all have a positive outcome to it and even though we have lost our way to our promised land we look back to the book of Deuteronomy where Moses puts a challenge to Israel.

Moses reminded them of their past and the covenant they have with God in order to prepare them to enter the Promised Land. This book will be part of many others to come that will address past, current, and possible future events of this Nation that if not spoken of truthfully will have a deep and damaging effect on the ALKQN.

AMOR DE REY Y REINA,

KING RADAR

Introduction

The globalization of the Almighty Latin King and Queen Nation is a topic that many find of extreme interest. Books have been written by many claiming to have seen inside this phenomenon with an intimacy that they claim is unprecedented. They use their words to paint a picture where they are the confidants of Latin Kings and Latin Queens. They present themselves as the individuals whose shoulders were present when those in the movement of the ALKQN needed to rest their heads. However, the truth is that while many of these individuals were in fact present for many occurrences, the intimate details of our movement were never disclosed to them as such an action goes against our private teachings and beliefs.

"The Official Globalization of the Almighty Latin King and Queen Nation" is the first and only book ever written by an active member of the ALKQN. With the permission of the senior leadership of the ALKQN, the blessings of the Almighty Father King of Kings, and personal experiences, we invite you to take a look at the globalization of a movement that is seductively related to various political issues, social ailments, and adolescent trends. By agreeing to turn the pages of this book and immersing yourself in the royal truth that they hold, you are entering a world that is not looking back at what was done and critiquing it from an academic standpoint. Rather, you are entering a world that is reflecting on the past, making sense of the present, and preparing for the future. The time has come for us to share our own experience with the world. After decades of sitting idle while the rest of the world taps on our existence as if it were a fish bowl, we now stand with our crowns shining bright and scream,

"Amor de Rey! Amor de Reina! Amor de Corona!" We emerge from our Kingdom of solitude and not only speak... we shout. We can no longer sit by as those who we once considered friends forget their place and take the liberty to speak on our behalf...despite the fact that we have not asked them to. We are not a mute Nation, and understand that we can not expect our community to understand our existence if we do not take the time to explain it to them.

You may be asking yourself what this small, simple, and sincere book can have that the many books in your library do not have. The answer is simple... This book has the truth; Information about the ALKQN, written by the ALKQN. The books that sensationalize gang violence and drama, becoming best sellers, are not written by individuals who are members of the Nation, nor were they ever. Yes, this goes for even the most popular books whose titles I feel do not need to be mentioned here. Again, this is the FIRST and ONLY book that has been written by a member of the Nation on situations pertaining to the Almighty Latin King and Queen Nation. Everything else is simply either dramatic fiction, or a compilation of interviews and conversations mixed together to present an experience.

Many individuals referenced in this book will not see their names on the pages. Initials and descriptions will be used to present them to the reader. For example, "JD" would be used in place of "John Doe". This will not be the case for everyone mentioned in the book; however, it will be the case for several. There will also be pages that bare the name of individuals who are no longer members of the Nation. The names used will be the names that they were known by while in the ALKQN. They no longer own any rights to these names as their membership has expired.

Many have sat with us at the table and shared a meal of struggle, perseverance, commitment, dedication, and faith. However, none have stayed at the table after they received their fill and most have purged themselves afterwards for their own benefit.

The men and women who sincerely make up the Almighty Latin King and Queen Nation are far fewer in numbers than the masses may believe. The pages that follow are but a glimpse of our complex existence. Here we will show you a piece of our heart… but we will not sell you our soul.

"Many Choose and Few are Chosen!"

Amor de Rey y Corona!!

Chapter 1:
Our History

The first step in understanding anything about the Almighty Latin King and Queen Nation is to understand the true history of the Almighty Latin King and Queen Nation.

The ALKQN was formed on the streets of Chicago, Illinois in 1963 by a group of Puerto Ricans on Kedzie and Ohio. Within one month of the first chapter being formed, the second chapter of the ALKQN was formed on Leavitt and Schiller.

The motivation behind the creation of the ALKQN came from the fact that street clubs could come together as one organization to protect themselves from the racism and abuse that the Latino community was being subjected to. A culmination of the racism and social injustice that Puerto

Ricans and Latinos were forced to deal with on the streets

of Chicago came in 1966 with an event that came to be

known as the "The Division Street Riots". The death of 20-

year-old Aracelis Cruz who was shot by police on the

corner of Damen and Division after the city's first ever

Puerto Rican Day parade, sparked what history has

recorded as the first riot of the Puerto Rican Community in

the United States.

The Puerto Rican community saw the formation of

many non-profit and non-governmental organizations

geared towards social change and community progression

in Chicago. Now, while the ALKQN had already been born

prior to this culminating event, publicity was not on the

agenda and so there was no need to seek the media's

microphone so a statement could be made. Instead, the

membership of the ALKQN assumed their inherent responsibility of defending their community.

One of the many misconceptions on the history of the ALKQN is that we were born out of the Young Lord's Organization. The fact is that the YLO, a group of Puerto Ricans who existed with the desire of engaging in revolutionary community events that would address the needs of the people, came to the ALKQN for assistance and often protection. There was a working relationship between our Nation and the Young Lord's Organization, however, our existence was not motivated by theirs.

While the foundation of the Almighty Latin King and Queen Nation was never one of violence or illegal activity, our membership came from the streets that were plagued with such ailments and so the organization inevitably fell victim to them. Members were incarcerated and along with their habits, they brought their membership into the system. Soon there was no disputing the fact that the ALKQN had a strong and powerful presence both in the streets of Chicago and in the prison system of Chicago.

Ten years after the formation of the Nation in what has come to be regarded as the Motherland (Chicago, Illinois), the Nation found its way to the streets of New York City via the arrival of a brother by the name of King Tzan (R.I.P) who humbly brought his experiences and beliefs to the seed of the Big Apple known as the Bronx.

Slightly over a decade later, the ALKQN in New York City made its formal and more popular presentation to the world via the actions of King Blood in Collins Correctional Facility. Now, it must be understood that the founders of the Nation did not exist with the intentions of creating an organization that would leave the confines of Chicago, Illinois. Therefore with the emergence of the Nation in New York came the emergence of lessons, laws, beliefs, and philosophies of the ALKQN that were distorted and altered to address the needs and the lifestyles of the population that was now acquiring membership. A detachment from the original constitution of the Nation was evident in the writings of King Blood, as circumstance held him in a situation where he could not easily communicate with the brothers who taught him the ways of the ALKQN in the Motherland. None the less, King Blood never put pen to paper nor did he ever allow words to flow from his lips without first acknowledging the fact that Chicago was, and is, the one and only Motherland of the Almighty Latin King and Queen Nation. He made it clear that while he spoke as a leader in the state of New York, his words were, and would always be, secondary to the senior leadership of the ALKQN in Chicago, IL.   Inevitably, the Nation in New York achieved a popularity that rivaled that of the Nation in Chicago. This set the stage for individuals to wedge a sense of division between the two cities and ultimately created an environment where Latin Kings and Latin Queens began to identify with one of the two major cities.

Here we have the first example of the ALKQN feeling the effects of a social circumstance. The culture of the East Coast specifically that of NYC, was one of flamboyance and dramatics. New York was, and is, often regarded as "the capital of the world". Such recognition manifested itself in the Latin Kings and Queens of NYC feeling somewhat superior and ultimately taking it upon themselves to spread the teachings of the Nation as they understood them.

The organization that was never intended to leave the streets of Chicago, now found itself growing into a nationwide organization. As a nationwide organization, the Almighty Latin King and Queen Nation soon found its way outside of the United States via the voluntary and involuntary travels of its member as well as individuals who fabricated membership.

Chapter 2:
Growing Up Too Fast

As the Nation grew throughout the Eastern seaboard, distortions of the truth became more and more popular and the membership of the ALKQN grew further and further from their original and official literature. Internal drama seemed to be replacing the concept of family tranquility. The detrimental quest for fame and glory was fully active and the negative effects could be found and felt all over.

It must be understood that the senior leadership of the ALKQN never instructed anyone to spread the Nation outside of the USA. However, when circumstance took brothers and/or sisters out of the USA, they traveled with their crowns firmly on their heads. With that said, if they reached a land that was lacking the presence of the

ALKQN and they themselves were in good standing with the Nation, they were well in their rights to establish a chapter and communicate their establishment with the proper authorities.

As chapters began to sprout up, the problem was not that their existence was not being communicated. The problem was that their existence was not being communicated to the proper authorities. A great reason for this was the fact that the proper authorities were not making themselves accessible.

The reality of life on the streets of Chicago, the fact that the Nation was never intended to leave these streets, and the various situations that had risen as a result of the truth being ignored inspired our founders and our senior leaders to shy away from the needs of the people that were hungry for the royal feeling of representing the Almighty Latin King and Queen Nation. This created a huge void… a void that leaders from New York and the Tri-State area were willing to fill.

Here the Nation was faced with another set of realities that we were not ready to deal with. We were a Latino organization that stood for our community's progression and our cultural preservation, yet many did not speak Spanish, few had traveled outside of their neighborhood let alone the country, and we had solidified our existence as a member of the popular American Urban culture that adolescents all over the world often want to imitate. We were not expected to be the ones who suffered from culture shock when we touched down on the land of our Ancestors. After all, we were Latin Kings and Latin Queens… our Kingdoms were built with the bricks of our history and the cement was made out of our understanding. I guess you could say a lot of us were homeless in this regard.

The tides were changing in Latino communities all over the United States and complacency was giving way to glorification. Adolescents were losing their sense of a future and the average life expectancy in the "hood" became 18-21 years of age. Our children regarded the streets as their and the badge of honor they worked for became a criminal record. Organizations existed, and still exist, to combat these trends but the fact still remained that the youth were expected to come to where the services were being offered….the services were not always willing to come to them.

As rumors spread that the ALKQN had reached

global proportions, we found pride in our perseverance.

Somehow, on some very subconscious level, we viewed the

strength of our Nation as the strength of our selves.

Unfortunately, we did not fully understand what it meant to

carry the burden of our Nation's reputation on our

shoulders. We were so consistently viewed as criminals

that we could not see anything else in our own reflections.

No one can ever say that there were not members who

committed crimes....the problem is no one really wanted to

hear that not all of us were committing crimes. In fact, it

was and is the minority of our membership that is engaged

in criminal activity; and those who are engaged in criminal

activity are engaged on an individual level. They are not

working on behalf of the Almighty Latin King and Queen

Nation. Nor do we benefiting in any way, shape, or form

from this activity. When the media presents an individual

who is guilty of a crime, as a leader of the Nation, they could not be more incorrect. If one is serving as a leader and goes astray from the teachings of the Nation, engages in criminal activity, and is ultimately convicted, then they surrender their leadership and are no longer seen as an authority.

It is an absolute fact that no member of the senior leadership of the ALKQN is involved in illegal activity. All are legally employed, hard working, family men and women who commit themselves to the cause of the awakening of our community so that we can all progress.

With all of this said, we still had individuals appearing all over the globe and presenting themselves as official leaders. Those who came in contact with them had no understanding of our truth and so knew not how to verify their credentials or even what valid credentials were. This set the stage for the Nation's literature to reach new levels of distortion. Rules were created, at times out of the needs of the people, but also out of the personal desires of those who became known as the leadership. The people were starving to be involved with this Black and Gold, and they frantically fought to get their hands on anything that "came from the states". While it was understood that Chicago was, and is, the only motherland of the Nation, the popularity and media coverage of the Nation in New York City created an image in the mind of the people that their leaders were the supreme leaders of the Nation. This of course was false, but in the late 90's the perception was so great that it became the undisputed reality for many.

Many leaders in New York and the tri-state area began to engage in organizing activities in other countries via brothers who were traveling for personal reasons, or because they were being deported by the United States Government.

It must be understood that when these brothers traveled (voluntarily or involuntarily), they did so as natural representatives of life in the USA to the people of the countries they were either visiting or being relocated to. Their popularity was instantaneous as they had walked the same streets that were shown in movies and television shows. Adolescents and adults alike, would hang on the every word of these individuals… they were like walking, talking, breathing souvenirs. Their clothes were considered the most fashionable, their words the most street credible, and their mannerisms were the most accepted. The fact that the true senior leadership of the Nation did not send these individuals with a mission or a duty meant nothing to the masses that they provided tangibility to. These individuals

were being regarded as leaders in the Almighty Latin King

and Queen Nation and that was just too good to give up.

Chapter 3:
Looking Inside Doesn't Change The Fact That You Are Still An Outsider

One of the methods used by leaders in New York City to address the expansion of the Nation and the needs of the people was to develop working relationships with various community activists and religious leaders. The logic behind such relationships was that we needed to involve ourselves in the overall efforts of our community and not only concern ourselves with our internal dealings. While we knew that there were many who while claiming their commitment to the Latino Community, would not work with street organizations, we also knew that there were those whose commitment was truly sincere and without bias. Community activists such as the late Richie Perez (R.I.P) opened the doors of not only their offices but also their hearts to us and showed us that the brotherhood we fought for did not only exist in our world of Black and Gold.

Participating in rallies, marches, and protests for issues ranging from budget cuts to police brutality, the ALKQN gained great popularity in the mid to late 90's, and with this popularity came a great deal of media attention. Decisions were made to use the media's double edge sword of exposure to show the world that we were about the progression of our people. We figured that the only way we could truly combat the reputation of being criminals and delinquents was to show the world who we really were. While not all agreed with these decisions, the majority in New York City did. The majority understood that we could not complain about the image we had if we did nothing to change it. It was during this time that "Black and Gold" (a Big Noise Films Production) and the HBO special were filmed. While both focused greatly on the actions and philosophies of King Tone, it must be understood that several Kings and Queens were involved in what came to be known as the "political transition of the Almighty Latin King and Queen Nation".

Speaking engagements, forums, presentations, and participation in conferences began to take place all over the country with such frequency that we had specific brothers and sisters dedicated to the management of these activities. None of us thought that members of the Nation outside of NYC would consider us leaders in superior positions to their own. Despite our popularity and the media attention we were receiving, we were still simply the New York chapter of the Almighty Latin King and Queen Nation. Any positions of leadership we held were exclusive to the state of our residence. Even King Tone, who was often painted as the supreme leader of the ALKQN by the press, was only a leader in New York. To date, this brother has never visited the motherland of the Nation. He was never given the authorization to speak on behalf of the motherland nor did he ever make the claim that he was. Those of us who stood by King Tone regularly and who were sincerely committed to the work that was being done never presented this brother or ourselves as authorities throughout the world. It was, however, the image that the media generated of us that inspired our brothers and sisters on a global level to regard King Tone as their superior. The truth of our constitution and the comprehension of our laws were not as glamorous as a newspaper clipping or an internet posting.

One of the most visible relationships we had formed came with a priest/activist/professor we will refer to as F.L.B. This relationship proved important not only on a community involvement level, but also on a spiritual level as he provided the Nation with an outlet for spiritual expression and offered spiritual guidance and assistance. Performing weddings, baptisms, and other traditionally Catholic ceremonies, F.L.B. became an intimate part of our equation, and as the years passed, he was given more access to us than any other individual who we were working with.

There came a point where F.L.B. approached the leadership of the ALKQN in NYC and advised them of his desire to write a book on the Nation that could ultimately be used as an academic text for others to see our truth, understand our struggle, and realize our reality. After some discussion, the answer was "yes". F.L.B. and his team would be allowed to interview willing members of the ALKQN and certain documents would be provided to him for inclusion in his work. It must be made abundantly clear that the documents that were provided were not the constitution or the secret laws of the Nation.

The book was ultimately released and the title was simply our complete name. The Almighty Latin King and Queen Nation now had a presence on book shelves that spoke to our version of things. F.L.B. then arranged a series of appearances as one of the authors of the book and shared his personal experiences with the public. He spoke of his involvement, of his role in spiritually guiding the membership, and made it clear that the ALKQN was not the criminal beast that the media had painted us out to be. He reminded his audiences that we were members of the community who were being persecuted by law enforcement in manners that were very similar to the persecution seen during the civil rights movement. Never saying that we were without fault, F.L.B. emphasized that if the actions of a few were going to define the existence of the masses, then we should hold such organizations as the New York City Police Department to the same standard.

Things were extremely hectic for the Nation during the time that F.L.B. released his book. We were recovering from "Operation Crown"; the largest federal raid since prohibition where over 100 members of the Nation were arrested. Many of the Kings who were heavily involved in working with F.L.B. in the creation of his book were no longer as easily accessible as before. This included King Tone who would soon be sentenced to twelve years in a federal prison.

It was during this time that we began to see F.L.B. beginning to act in a manner that went beyond the boundaries of an outsider. He began positioning himself as an authority on the ALKQN and while he may never have claimed membership to the Nation, he presented himself in a very strategic manner that led many to believe that he was a member of the Nation.

Despite the access we had provided him, despite the number of Kings and Queens he knew, despite the projects he was involved in, despite the honors we had provided him with, F.L.B. was still an outsider of the Almighty Latin King and Queen Nation. He was not, and is not, a Latin King.

As the political climate seemed to change in NYC, and our community seemed to be politically regressing we found ourselves on the same backwards track. King Tone was now in a federal prison, as were other well known leaders and communication was difficult at best. Many in the streets took advantage of the situation and ensured that a feeling of disarray was created. The opportunity for selfish and divisive leadership was present and it was clearly capitalized on. The cameras had stopped rolling and the reporters had stopped calling, but our image had already been solidified to the world. The incarceration of King Tone, and the inhumane sentence of King Blood years before now served as the defining actions that martyred these two individuals. Their names seemed to serve as the access card for everyone on the internet who wanted to present themselves as devout members of the Nation. Meanwhile, to date, King Tone has only been visited by one member of the ALKQN, none of the activists or political leaders that worked with us and committed themselves to helping him have gone to visit (including

F.L.B.), and King Blood remains in solitary confinement where he has been for the last 12 years with no human contact (an unprecedented sentence in the USA).

While several organizations continued to reach out to us and ask for our participation in conferences, workshops, and various community activities, very little consideration was given to our internal struggle. It seemed as if the ALKQN was being held to a different standard where we could not address our internal needs and issues before looking to the needs and the issues of our community on a formal level.

Time passed and as the internet evolved in its capability and functionality, the world began to shrink. Lands that were once considered out of reach were now a few key strokes away and communication was being had between residents of different countries with the same ease as talking to your neighbor. The ALKQN's inclusion in American urban culture was undisputable and the youth of other countries hungered for a piece of it. Unfortunately, the piece that was sought after was not always the truth, but rather a variation of it that ensured the possibility for the same fame and glory that the New York chapter had received.

Chapter 4:
Walking On New Land

The Latino communities in New York City are always bursting with references to their lands of origin. From the parades, to the street fairs, to the food, to the music; the Caribbean islands of Cuba, Puerto Rico, and the Dominican Republic are always represented by the people. With that said, it should come as no surprise that the Nation had been established on these islands in the late 90's, and while the establishment had not come with the formal recognition of the motherland it was understood by these islands that the Nation started in Chicago and the word of our senior leadership there was above all other words and final. None the less, the islands were plagued by the same lack of truth that the United States was. Communication with the senior leadership in Chicago was sporadic at best and it was very difficult to verify who was who and what, if anything, was authorized. Very few Kings and Queens had been consistent in their actions and as the Nation grew rapidly, the original purpose of the ALKQN was being watered down.

Our commitment to the community became more poetry than action and Kings and Queens all over worried only with their presentation and popularity.

It must be understood that in the foundation of our constitution exists the philosophy for us to become servant leaders. We were to work for our community behind the scenes. Never were we created to scream from the mountain tops that we were Latin Kings and Latin Queens. This has always been understood and continues to be understood clearly in the streets of Chicago. However, the glitz and glamour of life in New York did not fit well in such truths. As a result such paraphernalia as beaded necklaces, beaded bracelets, and bandanas were created and added to literature that was also being created. While it was never against the constitution of the Nation for a chapter to establish rules and regulations that specifically addressed their local needs, it is against the constitution to create anything that would supersede it (the constitution). The creation and usage of paraphernalia would have been fine if the people did not become obsessed with them, giving

them divine importance.

The lure of wearing beads around your neck was so powerful that it forced itself to be universally accepted. Even in Chicago, though they do not wear beads, they recognize the black and gold beads as a popular representation of the Nation.

With the popularity of such tangible items as necklaces, the identification of an alleged Latin King or Latin Queen became extremely easy. As a result, adolescents all over the world started throwing them on and calling themselves Latin Kings. With information gathered from the media and the internet, they were able to falsify their understanding of the language that is reserved for official members of the ALKQN.

The "political transition of the Almighty Latin King and Queen Nation" maintained its popularity despite the fact that the Nation was not as visible in community events and activities after Operation Crown. Because they were exposed to our criminal reputation for so long, and because of countless leaders ignored the truth of our constitution for the advancement of their own personal agenda, it was very hard for the community to understand that we did not make a transition to a political existence. What we did was pick up our original mission and vision and work towards the fulfillment of it.

The academic community continued to study our existence and actions as we provided them with a modern example of an organization that was being persecuted by law enforcement for what had been done in the past by the minority and not what was being done in the present by the majority. One of the specifics that made us different from organizations of the past was the fact that we had members claiming to exist not only in the United States and the Caribbean, but also Central America, South America, Canada, and Europe.

In 2005, it is recorded that F.L.B. and C.F. a professor in Spain were in communication regarding the possibility of work being done with the ALKQN of Spain that was similar to the work that F.L.B. had done in the United States.

Here we see another example of F.L.B. taking the liberty to present himself as an authority of the ALKQN. Although the communication he had once enjoyed with the leadership of the Nation had declined tremendously, he still had the contact information for recognized leaders and reached out to them periodically. However, during the time that he was communicating with C.F. in Spain, he neglected to inform his actions and the desires of these professors in Spain to the Latin Kings and Latin Queens that he had relationships with in New York.

F.L.B. along with other professors of John Jay College in New York City made the decision to send a letter to C.F. in Spain advising the members of the ALKQN there that they should agree to work with C.F. and his team as the work that would be done was going to model the work that he (F.L.B.) had done in NYC. The disgrace of this event comes from the fact that we were not made aware of this letter. We were not made aware of the manner with which F.L.B. was attempting to communicate with these individuals who claimed to represent the Almighty Latin King and Queen Nation. Never did F.L.B. make the effort to verify the validity of the group he was encouraging to communicate with professors and other academic advisors.

Because of his participation in the documentaries

that had been done on the ALKQN in NY, and the book he co-authored about us, his notoriety was undisputable. The Nation in Spain agreed without hesitation to work with C.F. and his team. Preparations were made to bring F.L.B. to Spain where he would participate in a series of meetings and panel discussions by sharing his experiences with the ALKQN in the USA.

Still, we were not contacted.

As the work continued in Spain, clear differences between the rules and regulations of the ALKQN there and in the United States became very evident to F.L.B. One of these differences was the fact that in Spain, the ALKQN regarded the Association for Pro-Inmate Rights (Asociacion Ñeta) as their enemies. F.L.B. knew from his personal experiences that this was not the case. The

ALKQN and the Asociacion Ñeta had (and continue to have) a strong working relationship in New York City and the tri-state area. The leadership of both organizations maintains consistent communication and understands that they both exist in the same community with the desire of improving that community.

This reality was not understood or lived by the Nation in Spain and the two organizations were constantly battling each other. Young people and their families were being hurt in the names of organizations who did not even know that they (these chapters) existed and their only official link to us here in the states, despite e-mail addresses of alleged Kings and Queens, was a group of outsiders whose motivation to get involved came from their desire to complete academic research.

While F.L.B was in Spain he enjoyed a royal welcome by the Kings and Queens there. They saw his presence as a step closer to establishing a formal relationship with the true senior leadership of the ALKQN in Chicago and NY (remember that the perception was that NY had authorization to lead outside of its area). Bombarded with questions and posing for countless photos, F.L.B. informed the Kings and Queens of Spain that he would inform the leadership of NYC of their struggle. He offered himself as a liaison, saying that his only interest was that communication be established. When asked of King Tone, the brothers and sisters remember F.L.B. saying that Tone was in good spirits during his visits. When asked who the current leadership of NY was, the brothers and sisters remember him saying that the senior leadership of NY rested on the shoulders of a Latin Queen who he knew well and continued to work with. When asked about me and if they could communicate with me, the brothers and sisters remember him saying that I was in constant contact with him and that although I was open to communicating with them I did not speak any Spanish.

What are the discrepancies with these memories? F.L.B. to date has not visited King Tone, despite the countless times he told King Tone that he would be there. The Latin Queen he said was the leader of NY had not been in contact with F.L.B. for a while and was not in the leadership at all. As for me, while my Spanish is not perfect, I am bi-lingual on a functioning level, plus I had not heard from F.L.B. for quite some time and I clearly did not know that he was in Spain.

Upon his return, F.L.B. contacted me and explained

to me that he had gone to Spain as an invited guest for a conference. He said that there he had met members of the ALKQN in Spain and felt that he needed to put me in contact with them as he understood the importance of us being organized and organization could not come without communication. He mentioned to me that he had heard stories of the problems between the ALKQN and the Asociacion Ñeta, and wanted to help stop the unnecessary violence that was happening. He made no mention of the letter that he had written or of the answers he had given to the questions asked of him.

In June of 2006, I was brought by professors and organizations that were working with F.L.B., to Genoa, Italy for a conference revolving around the Almighty Latin King and Queen Nation and The Asociacion Ñeta. During my time there I presented, along with senior leadership of the Asociacion Ñeta and a Latin Queen official from Spain, the fact that the two organizations were not enemies. I spoke of the true history of the Nation and met adolescents who though they were not of legal age to American standards, were living very adult lives in a country that was not their own. 99% of the adolescents I met in Italy who claimed to make up the chapter of the ALKQN there were of Ecuadorian descent. Their families had left Ecuador in search of a better life and now they were living in a country that was not exactly thrilled at their presence.

Forced to learn a new language in what was occasionally hostile communities, these young men and women presented themselves with respect and passion. They longed to be recognized as official members of the Nation that they represented with their clothing, their speech, and their hand signs. In speaking with the Latin

Queen who participated in the conference with me, I learned that the dynamic in Spain mirrored the one I was seeing in Italy. She explained to me that the clear majority of the Kings and Queens there were of Ecuadorian descent and as she shared with me her personal history in the Nation, I began to realize huge discrepancies in what was being understood as the truth and what the truth actually was.

Upon my return from Italy, I immediately made arrangements to travel to Chicago and share my xperiences with the senior leadership. The concept of the ALKQN existing on a global level was simply something that was not fathomable to our elders and leaders. Hearing "Amor de Rey! Amor de Reina!" in Italian brought tears to the eyes of brothers whose ethnicity is Italian yet who have never had the opportunity or the resources to see that land.

During my visit in Chicago, I explained the fact that adolescents had given themselves to a concept that they knew very little about and that the information that was being fed to them was so far from the truth that it was not even comparable. I shared the knowledge that the leadership of the Nation in Ecuador (a chapter that was recognized by New York under the false assumption that they could recognize other chapters) claimed authority over the chapters of Italy, Spain as well as other countries such as Canada and Belgium. We spoke of the need the people had for tangible leadership. We spoke of the need the people had to access the truth, our constitution, our history, etc. It was clear that the Nation could no longer address these needs by ignoring them, and so additions were made to the senior leadership team of the ALKQN on a global level, including the creation of the Global Advisor. I was elected to serve as one of two Global Advisors. In this capacity I would be directly responsible for ensuring that the truth of our constitution was accessible and adhered to by all who claimed membership to the Nation... both outside and inside of the United States.

Over the next two years a campaign was waged; A campaign of truth, sincerity, commitment, consistency, and royalty. For the first time in the history of the Nation, official trips were made by true members of the Senior Leadership to various states and countries that claimed affiliation to the Almighty Latin King and Queen Nation. Communication was reaching unprecedented levels as attention was being paid to technology and accessibility. The only authorized and official website of the ALKQN was created (www.alkqn.org), National and International teleconferences were taking place and agendas for our progression and rectifying various faults were in place.

During my travels in Europe, the Caribbean, and North America, I had the opportunity of meeting countless brothers and sisters whose eyes told tales of struggle, sacrifice, pain, and loss; however, I also had the opportunity of meeting countless brothers and sisters whose eyes told tales of success, strength, pleasure, and gain. The one constant was that the Almighty Latin King and Queen Nation was, and is still, sought out by Latinos all over the world. The Nation did not simply serve as an inspiring organization; rather the people fought to belong to it personally and wanted Black and Gold, as defined by the original constitution of Chicago, to exist in their neighborhoods. Feeling divinely inspired, they adorn every aspect of their lives with examples of the ALKQN and claim that nothing will ever define them with as much accuracy or conviction as the Nation does.

Unfortunately, amidst these countless brothers and sisters who are sincerely committed to what they know as the ALKQN, there exist those who strive to fulfill their own personal agenda. These individuals have taken bits and pieces of the truth (or what was taught to them as the truth) and added their own personal ideas, philosophies and desires. This mixture was then fed to the people with spoons of "Chicago sent this" or "New York has issued this order". However, as we have already confirmed, up until the formation of the Global Advisors, no orders were ever issued from the motherland of the ALKQN to anyone outside of the United States, and New York never had the authority to issue orders of any kind. None the less, the people were being led to believe these half truths and blatant lies.

As mentioned earlier, I was informed that many alleged chapters outside of the USA were heavily influenced by and subordinate to the leadership of Ecuador. A former member of the Nation known as King Majesty was among the leaders who exercised a false authority outside of his country of residence... Ecuador. During my travels I was made aware, on various occasions, of the countless rules that had been created in Ecuador and imposed onto the people of other countries. These rules ranged from members having to financially support the leadership, to literature being made available at a financial cost, to tattoos being mandated and connected to various stages of membership within the Nation. Believing whole heartedly in fairness and justice, I immediately communicated with Majesty (he was still a member at this time) and expressed my concerns. In many of our conversations he assured me that all the information I was receiving was false and created by individuals who envied him and his accomplishments. He assured me that he never mandated any money be given to him and that he never presented himself as an authority figure outside of Ecuador. His point to me was that he simply wanted to do whatever he could to assist in the progression of the Nation as a whole. He expressed dissatisfaction with the fact that for so long the Motherland did not assist the people, but also admitted that he never had any real contacts with the motherland to ask for assistance and he was not aware that they (the motherland) was not officially knowledgeable of the Nation's existence on a global level as orders were never given to spread the Nation in a such a way.

For over a year and a half Majesty and I maintained constant communication, as I did with various members of the Nation on a National and International level. Work was being done to ensure that the errors of the past were not repeated and the suffering of the people caused by such ailments as ignorance, was put to an end. During this time, the involvement of outsiders interested in our actions was at an all time high. On various occasions conferences were held in Italy and Spain and universities were absorbing the expenses to ensure that I was present. However, at the same time that we were moving forward, there were steps being taken backwards in the shadows.

Outsiders such as F.L.B. and M.C. (an investigator from Ecuador) felt that they had earned the right to involve themselves in the intimate dealings of the Nation and individuals such as Majesty were allowing them to do so.

In a very short period of time we were addressing issues that had existed over the last decade and the truth of the Almighty Latin King and Queen Nation was very hard for many to understand, accept, and live with. Questions were being asked that challenged the authority of many individuals who had personally benefited from the ignorance of the people. These outsiders saw this and instead of understanding the need for them to step aside and allow us the time to address our own issues, they formulated teams and pushed themselves deeper. They began to fill the minds of all who would listen with thoughts of independence from the constitution of the ALKQN in the USA. They became experts at telling the people what they wanted to hear as long as the people continued to provide them with access.

By early 2007, we (the senior leadership of the ALKQN) had implemented a process to formally recognize chapters of the Nation both within the United States and abroad. On of my main concerns having been the one to make the formal trips was that the sacrifices and struggles of the masses be acknowledged and not disregarded. This meant that if an individual had lived the last ten years of their life believing that they were a member of the ALKQN, but knew nothing of the truth of the ALKQN, they would be acknowledged as a member who was ten years old as long as they were willing to learn, understand, accept, and live by the truth. While the majority accepted the changes and embraced the overdue involvement of the motherland in their lives, there was a minority who felt that they did not have to change their ways as they were above the motherland of the ALKQN. They felt that because they had done things a certain way for so long without involvement from the US, they were entitled to continue. What they failed to realize, understand, and accept was that the Nation that they claimed so much loyalty and commitment to was created in the US, specifically in Chicago, and the senior leadership as well as the original constitution came from here (the US). We were more than willing to make adjustments, understand the trails and tribulations of life in different countries, learn and address the different needs of the people on a global level; however, we were not, and are not, willing to sacrifice our constitution because people chose to regard themselves as members of a Nation that existed in a country other than their own.

In October 2007, the senior leadership made the decision to investigate the Nation in Ecuador as a result of countless brothers and sisters, both in the USA and in other countries, making accusations of activities taking place there that were in complete defiance of our laws. Because I had been in communication with Majesty during the time that this decision was made, I personally advised him of the decision four hours prior to the Nation as a whole being advised. We wanted to make it abundantly clear that this investigation was on the overall actions of the Nation in Ecuador, and not on any one individual.

For thirty one days all Kings and Queens who had knowledge of the events that transpired in Ecuador were given the opportunity to present their case via e-mail. During that time frame over 100 e-mails were received against the current leadership in Ecuador... not one was received in support. Accusations of being financially exploited were accompanied by receipts that showed astronomical amounts of money being sent to Ecuador from Spain. Despite the careful steps we took to ensure that no one individual was targeted, Majesty along with another former member of the Nation known as Jostyn, took the defensive and began attempting to discredit the investigation, myself, and other members of the senior leadership. Through e-mails and voicemails to me as well as Kings and Queens in other countries, Majesty and Jostyn issued threats and made it clear that they were not going to follow the constitution of the ALKQN or the orders of the senior leadership in the motherland.

During this time, Majesty had furthered his relationship with M.C. and F.L.B. by providing them with access to information that they would be using in their next book. Countless brothers and sisters who reside in Ecuador, not knowing all that was going on, felt as if the Nation was attacking them and so they too rebelled against the motherland and the true essence of the ALKQN. During this time Majesty and Jostyn also formed a corporation in Ecuador called "ALKQN Corp", which we officially denounced as not having anything to do with the Almighty Latin King and Queen Nation.

The investigation concluded with the exposure and abolishment of various rules that had been created in Ecuador, but presented as if they came from the United States. Majesty and Jostyn were also expelled from the Nation for a number of reasons including but not limited to the blatant disrespect for senior leadership, issuing threats against brothers and sisters, and disregarding the true constitution.

As prefaced earlier, this was only one example of

the Nation addressing the years of deceit and corruption

that had existed. Never did we claim to have all the answers

or all of the solutions… what we have is an understanding

of where we came from and where we need to go. This

understanding can only come via access to the truth of our

beloved ALKQN and so the truth must be put in the hands

of the people….were it belongs now and always.

Chapter 5:
<u>Membership Is A Privilege... Not A Right</u>

The love that true Latin Kings and Latin Queens feel for their Crown and Nation is a love that can command countless chapters in countless books. The passion with which we proclaim our undying commitment to the ALKQN is pure fire that paints all in its path a brilliant shade of Black and Gold. The preceding pages that you have been exposed to are in no way the complete history of our globalization. On the contrary, they are but a glimpse inside of our existence inspired by our struggles, victories, and accomplishments. No longer will we allow ourselves to be the specimens of academics, investigators, or journalists who are not necessarily interested in the truth as it truly exists... but rather they are interested in the truth as it is most convenient for them to tell. We not only have a voice, we have a desire to speak and are fulfilling that desire now.

The Almighty Latin King and Queen Nation is not the criminal organization that many have made it out to be. Our constitution does not instruct us to destroy the society that we live in; rather, our constitution instructs us to learn the art of servant leadership and dedicate ourselves to the progression of our community. However, a document does not gather its power from the pages it is printed on... its power comes from the heart and mind that prints and publishes it in the consciousness of an individual and reproduces it via their actions.

Despite our desire to move forward, we continue to suffer from such plagues as ignorance, envy, and selfishness. Many continue to call themselves members of the ALKQN though their every breath contradicts our true principles. Many have found comfort in their conscious confusion and believe that Black and Gold are merely colors that they can use to make themselves popular. Many will read these words and allow the forces that seek to deny us the power to pull the puppet strings and cause their eyes to roll back and their lips to curl. They will feel that the "work" that they have done for their crown entitles them to be held to a standard that is different from everyone elses. They will continue to indentify themselves with a certain click, a certain title, a certain document, or a certain person. While in their heart they may know that they are wrong, they will not allow this knowledge to surface to their brain and change their routine of destruction.

Many will find solace in the embrace of outsiders who have established a permanent presence in the land of interfering. They will preach of justice and righteousness, saying that they simply want to see our people move forward. However, they will give no thought to the lives they have damaged, the pain they have caused, and the destruction they are promoting. While we may not always know the best way to go, we do know the roads that we travel. These roads can not be understood by attending a few meetings as a guest or having dinner with a few friends you have made in the Nation. When one kneels before the Almighty Father, King of Kings, and accepts his/her crown as a Latin King/ Latin Queen, they are making a decision that will affect them forever.

We all have a role to play and in order for us to be successful, we must understand every aspect of that role and respect the roles of those around us.

As you turn these pages, individuals who have been expelled continue to present themselves as active members of the ALKQN. Outsiders have taken the liberty to disregard our protocol and form alliances with former members filling them with ideas of revolution against what they have labeled an oppressive system. They regard our constitution, our history, our laws, and our traditions as simple bad habits and outdated text. They can not see the true movement of the ALKQN because they are blinded by their own interest. Those who continue to regard themselves as members despite the fact that they have received expulsion claim that they are lions walking in a jungle of confusion and only their roar can bring unity. They fail to realize that membership is a privilege and not a right.

As is the case with every organization, we have our politics…good and bad. At times we may ask someone from the outside to look inside and provide us with their opinion; however, their opinion is not and will not every be a fact.

"The Official Globalization of the Almighty Latin King and Queen Nation" is a process... not a simple action.

As a Nation we must rise above the lies, the negativity, and the ignorance that keeps us drowning in a sea of indolence.

As members of the community, we must rise above the stereotypes and remember that we are not above social responsibility.

My throne exists on the souls of my community's feet. Each and every day I sit and prepare myself to be trampled by those who are my social and cultural

reflections. While others view this as a punishment, I view

this as an honor; for when the Almighty Father calls me to

stand; I do so inevitably raising my community.

AMOR DE REY!
AMOR DE REINA!
AMOR DE CORONA!

JOHN JAY COLLEGE OF CRIMINAL JUSTICE
The City University of New York
PUERTO RICAN/LATIN AMERICAN STUDIES
DEPARTMENT

445 West 59th Street, Rm. 1552N
New York, NY 10019
_(212) 237-8667_

New York City, June 26, 2005

Estimados Dirigentes de ESN y LKQN de Barcelona,

Esta carta tiene como propósito establecer enlaces de

confianza y colaboración entre los grupos de jóvenes

latinoamericanos (incluido los caribenos), y las

investigaciones dirigidas por los profesores David

Brotherton y Luis Barrios en Nueva York y la que dirige

Cales Feixa en Barcelona. Yo hasta el momento solo he

participado y colaborado en la investigación sobre las

mujeres latinas que participan de las reinas latinas de acá de Nueva York.

Por que esta carta de presentación? Tras mi breve visita a España en Marzo pasado, me di cuenta de lo poco que conoce la población catalana (dominante) sobre las raíces históricas de la inmigración dominicana, colombiana o ecuatoriana. Es mas, me sorprendió la cantidad de personas (incluidos gente profesional) que negaron las prácticas racistas que se dan en contra de los chicos y chicas dominicanos, la mayoría de descendencia afro-caribeña. Peor aun, pude constatar a través de los medios de comunicación, periódicos y programas de radio y televisión, la constante criminilización que existe de las autoridades catalanes y de la sociedad española en general, a los grupos organizados que ustedes lideran.

Luego de comentar estas experiencias con David y Luis,

nos dimos cuenta de la necesidad urgente de apoyar el trabajo de Carlos Feixa y su grupo en la investigación que el lleva a cabo en Barcelona sobre la inmigración de jóvenes latinoamericanos y su desarrollo en esa ciudad. Por la experiencia que tenemos nosotros acá y gracias al estudio de David y Luis sabemos que es posible dar a conocer la "otra cara" de la realidad de los grupos de reyes y reinas latinos, de su ideología, de sus objetivos, de su cultura, que claro, también hemos conocido, entra muchas veces en contradicciones de la sociedad dominante (aquí en Nueva York), con la cultura anglosajona. El estudio de Carlos sigue las mismas líneas de trabajo que el nuestro: confidencialidad absoluta de los entrevistados/as y consultas con los dirigentes en cuanto al análisis del estudio.

Nosotros como equipo de trabajo esperamos estar por

Barcelona en un futuro cercano para conocer mas de cerca

al equipo de Carlos Feixa y asi seguir colaborando con la

investigación que el lleva a cabo, y que, reiteramos,

consideramos urgente apoyar.

Un abrazo fraternal,

Profesora Marcia Esparza
Profesor David Brotherton
rofesor Luis Barrios

Ecuador Investigation Report 2007

Amor de Rey! Amor de Reina! Amor de Corona!

In the month of October, the Motherland of the Almighty Latin King and Queen Nation conducted an investigation on the state of affairs of the ALKQN in Ecuador. This investigation was not focused on any one individual person or any one individual incident. The investigation was inspired by the personal testimony of various members of the ALKQN residing in various parts of the planet, including but not limited to the United States.

During the course of the investigation, a great amount of information was uncovered and the senior leadership of the ALKQN was amazed at the amount of misinformation that many believed to be true. While we understand that for a long time communication directly with the Motherland was not consistent, and in most cases, not official, the last two years has changed this fact and official, consistent, and constant communication has existed without flaw.

On numerous occasions, there were individuals who, during the course of the investigation, acted in a manner that is without a doubt, unbecoming of a King. The actions of these individuals will be highlighted later in this report as will the consequences of their actions.

Influence of Ecuador

For more than the last decade, many countries outside of the United States have been heavily influenced by the ALKQN in Ecuador. This influence came in the form of rules, regulations and what is often referred to as "culture". While the love, respect, and commitment to the crown is an invaluable lesson that all who received this influence have learned, there is an abundance of inappropriate, incorrect, and invalid information that has shaped the idea of what the crown truly is.

There should be no confusion on the following facts:

- There is only one culture of the ALKQN and that is outlined by the KMC; our original and only constitution.

- All members of the ALKQN need to have access to and understanding of the KMC.

- Officials do not receive financial compensation from the members of any chapter for their personal use.

- There is no monetary charge for one to obtain membership into the ALKQN.

- No chapter can report to any other chapter as a form of protocol. There are only two brothers in the Nation (outside of Las Coronas) who have the responsibility and the authority to work with all chapters on a universal level. These brothers work as a team and have identified themselves on various occasions. These brothers are a part of the senior leadership of the ALKQN.

- Only the senior leadership of the ALKQN has the authorization to implement policies for the recognition of new chapters. Only the senior leadership of the ALKQN has the authority to declare a chapter officially recognized by the ALKQN.

- All senior leadership of the ALKQN currently reside in the USA.

- There is no one chapter that is bigger or more important that the total crown. This includes popular chapters such as the chapter of New York, who despite their popularity remain a normal chapter. No individual chapter has the right to command or instruct any other chapter. This right is reserved for the senior leadership of the ALKQN.

Latin Queens

Latin Queens are an essential part of the Almighty Latin King and Queen Nation's strength. They are to be treated as royalty and not second class citizens.

There should be no confusion on the following facts:

- Latin Queen's are not to have rules or regulations imposed on them that oppress them in any way.

- The personal life of a Latin Queen (as well as a Latin King) is there own. Leadership of the ALKQN does not have authority over the personal decisions of Latin Queens (or Latin Kings), especially when it comes to intimate relationships, unless the decisions are in direct contradiction to the KMC. All members of the ALKQN are expected to live by the rules, regulations, and laws of the KMC.

- The rules and regulations written by Queen Zulma were written for the Latin Queens of New York State during the time when Zulma was present in the streets. In 2006, Zulma acknowledged that her writing had been applied on a global level and asked that all who read it understood the fact that it was outdated and, in many cases, inappropriate. She also acknowledged the need for Latin Queens to write their own rules and regulations, in accordance with the protocol of the ALKQN, properly addressing their needs and concerns.

- In 2007, the senior leadership of the ALKQN authorized Latin Queens to propose rules and regulations to the leadership of their chapters that addressed their needs and concerns. These proposals could not contradict the KMC on any level (as proposals of Latin Kings can not contradict the KMC on any level).

Paraphernalia

While it is expected for all members of the Almighty Latin King and Queen Nation to be proud of there membership, it is unacceptable to for Latin Kings and/or Latin Queens to present personally created paraphernalia as official being recognized by the ALKQN.

There should be no confusion on the following facts:

- There is no official rule, on a universal level, of the ALKQN, that instructs Latin Kings and Latin Queens who are involved in a personal relationship to wear a specific bracelet of any kind. Such a rule would have to be proposed on a local level and voted on by all members of the chapter.

- Beaded necklaces, bracelets, and rings have never been officially utilized in the Motherland. While the existence of beaded necklaces is known by the Motherland, and utilized by several, it is not seen as a vital part of our presentation.

- The concept of wearing beaded necklaces was made popular by the chapter of New York City. The most popular of these beaded necklaces is known as the Unity beads. These beads are made by alternating five gold beads and five black beads.

- The colors of the ALKQN are Black and Gold. They are not Black and Yellow.

- The beaded necklace known as the rosary, or the beads of those who are "blessed" (which will be addressed later), which is made with two rows of five black beads alternating with five gold is not officially recognized as paraphernalia. In fact, it is recognized as an item that is contradictory to the constitution of the ALKQN as two rows of 5 black beads equal 10 and the ALKQN represents 5, not 10.

- There is no rosary of the ALKQN.

Stages of the ALKQN

The only official and recognized stages of the ALKQN are those described in the KMC. There exist no other official and recognized stages outside of those three.

There should be no confusion on the following facts:

- The concept of a "blessed brother" is not recognized by the senior leadership of the ALKQN and is not in accordance with the constitution of the ALKQN.

- In the late 90's, two universals were held in New York City where Latin Kings and Latin Queens were baptized by an ordained priest. This baptism was done for the spiritual benefit of those who participated, as a ceremony that recognizes the importance of the Almighty Father, King of Kings. Participation was totally optional and those who participated were not seen as existing on a higher level than those who did not participate.

- The following levels have been found to exist in Ecuador and are in no way affiliated with the true constitution of the ALKQN. As a result, they are viewed as contradictory to the true teachings and are viewed as inventions that exist for the purpose of dividing the membership of the ALKQN. Division will not be tolerated on any level.

Bendecido

Kingism**

AMEN

Kingism is the way of life for a King and is not to be regarded as something outside of that. Please reference the FAQs of the ALKQN which will soon be available on www.alkqn.org

- The observation period of a prospective member of the ALKQN is a period when Latin Kings and Latin Queens may observe, communicate with, and learn about individuals who are seeking membership into the ALKQN.

- While each official chapter of the ALKQN has the right to implement rules and regulations to govern themselves, the rules and regulations can not contradict the KMC and must first be proposed and agreed upon by the membership of the chapter. The senior leadership of the ALKQn reserves the right to investigate and ultimately, declare void any rule or regulation of any chapter, if they feel that its implementation is not in the best interest of the ALKQN as a whole.

- Local rules and regulations can not be presented as universal rules and regulations.

- Those who enter a period of observation are not committed to the ALKQN and can decide that they ultimately do not want to commit to the ALKQN. It is because of this fact that intimate information of the ALKQN is not provided to those who are simply observing the Nation and being observed by the Nation.

Conducting Nation Affairs over the Internet

With the globalization of the ALKQN, it is imperative that we utilize every form of direct communication possible.

With that said, the internet, and e-mail specifically, provides an effective manner of communicating. The only authorized and official website of the ALKQN is www.alkqn.org.

While in a perfect world, the senior leadership of the ALKQN would be able to travel all over the world that is not the case in the world that we live in. All members of the Senior Leadership of the ALKQN have jobs and financial responsibilities. Recent international travel of the senior leadership of the ALKQN was made possible by universities and outside agencies covering the cost of travel to and from the United States.

Communicating with individuals and organizations outside the ALKQN

It is the exclusive right of the senior leadership of the

ALKQN to approve or deny official communication between official members of the ALKQN and outside individuals and organizations. While certain relationships do exist where this communication is allowed, these relationships may be terminated at any time by senior leadership of the ALKQN. These relationships also do not include intimate details of the ALKQN and/or any issues that the ALKQN may be facing, unless otherwise specified by the senior leadership of the ALKQN.

Communicating intimate information of the ALKQN to individuals and/or organizations, without the prior consent of the senior leadership of the ALKQN is a crime against the ALKQN and may result in the expulsion of the ALKQN.

Creating Separate Corporations using the Name of the ALKQN

The senior leadership of the ALKQN has not authorized the usage of the ALKQN's name in the formation, creation, and/or naming of any outside organization. While the ALKQN supports positive work that is done by Latin Kings and Latin Queens, and while the ALKQN supports the formation of progressive organizations by members of the ALKQN, the usage of the name "Almighty Latin King and Queen Nation" and/or any variation of the name is not authorized and therefore not recognized as a part of the ALKQN.

The recent corporation that has been formed in Ecuador is not affiliated with the ALKQN and is recognized as an outside organization. Recently, news of the positive work that members of the corporation are doing have been distributed, and the senior leadership of the ALKQN congratulates the individuals who are working to improve their community. However, the usage of the ALKQN in the name of the corporation is seen as a form of disrespect and is not accepted.

Many references have been made to the association that was created in Barcelona, Spain. This association is not exempt from what has been mentioned above. This corporation is a separate entity and while the founding members of the association are members of the ALKQN, the association itself is not a part of the ALKQN.

.While the press may continuously make reference to the corporation in Ecuador, the association in Barcelona, or any other outside entity as if it were an official part of the

ALKQN or another name of the ALKQN, the fact is they are not. The membership of these organizations is not governed by the rules, regulations, laws, or constitution of the ALKQN as their organizational membership is apart from their membership (if had) with the ALKQN.

Many feel that the only way to live a life free of persecution from the government is to create a separate organization from the ALKQN. This is absolutely incorrect and seen as an excuse. We all need to be aware of the risks that we are assuming when joining the ALKQN and as long as we dedicate ourselves to righteous living, then our community will improve. Persecution from oppressive forces will not end until the concept of oppression ends.

Violence

Under no circumstance does the ALKQN condone, support,

advocate for, or accept internal violence. The brotherhood of the ALKQN is one that is built on love and not violence. Individuals who engage in acts of violence under the name of the ALKQN towards other members of the ALKQN may face immediate expulsion from the organization.

The ALKQN is committed to the improvement of the Latino community. This can not and will not be achieved through acts of senseless violence.

Expulsion from the ALKQN

As mentioned earlier in this document, during the course of the investigation conducted by the senior leadership of the ALKQN, there were individuals whose actions were in complete contradiction of our constitution. Effective immediately, these individuals are no longer official members of the ALKQN. Because of the severity of their actions, a trial was not required and the decision to expel them is final.

The senior leadership of the ALKQN understands that while in their time in the ALKQN these individuals may have made enormous positive contributions to the ALKQN, no one is above the constitution of the ALKQN.

All official members of the ALKQN are expected to understand that this decision is final and can only be changed by the senior leadership pf the ALKQN. No appeals will be accepted. Anyone who fails to accept this decision as final will be viewed as surrendering their membership with the ALKQN and may also face immediate expulsion.

The positive history an individual has does not guarantee forgiveness for conscious errors in the present.

The following are the two individuals who have been expelled from the Nation as a result of the investigation conducted by the senior leadership of the ALKQN:

(King) Majesty:

1. At the inception of the investigation, Majesty, left several threatening messages on the machine of a senior leader of the ALKQN. These messages have been recorded and stored in the archive of the ALKQN.

2. During the course of the investigation, Majesty, personally forwarded a copy of the investigation e-mail to an outside academic investigator without the consent of the senior leadership of the ALKQN. A copy of this e-mail has been stored in the archive of the ALKQN.

3. On various occasions during the course of the investigation, Majesty made accusation against members of the ALKQN and members of the senior leadership team of the ALKQN. Despite the 30 days that was given during the investigation, and the three opportunities for telephone conversations to take place after the investigation was completed, Majesty never provided tangible proof to support his accusations.

(King) Jostyn:

1. At the inception of the investigation, Jostyn, sent several extremely disrespectful e-mails to senior leaders of the ALKQN, while copying a number of outsiders, previously expelled

individuals of the ALKQN, and Latin Kings and Latin Queens who were not aware of the investigation. Such actions are seen as attempts to cause division among the ALKQN. Copies of these e-mails have been stored in the archives of the ALKQN.

2. Despite a telephone conversation that took place between Jostyn and a senior leader of the ALKQN where requests were made on Jostyn's part and fulfilled by the senior leadership of the ALKQN, Jostyn continued to send out mass e-mails to outsiders, previously expelled individuals of the ALKQN, and Latin Kings and Latin Queens who were not aware of the investigation. A recorded copy of the telephone conversation has been saved in the archives of

the ALKQN.

Conclusion

Each and every chapter of the ALKQN is important to the
ALKQN, however no one is above the constitution of the
ALKQN.

It is an unfortunate occurrence when individuals who have
contributed so much to the ALKQN, disregard the protocol
of the ALKQN and act in a manner that is simply
unacceptable. The effects of their actions can be felt by
many and it is ultimately a reminder that while many
choose to wear the crown, few are chosen to be worn by the
crown.

The ALKQN in Ecuador has a rich history filled with many
distorted versions of the truth. Despite the inconsistency of
correct information, one consistent in the history of the

ALKQN in Ecuador is the love for the Crown. The test will be whether that love will continue to exist as the truth of the crown is exposed and allowed the opportunity to flourish. Although much of the information that has been taught for years is not completely true, the time, the sacrifice, and the love that many have contributed to the ALKQN is recognized and valid.

The voice of the people must be heard and their needs must be met. The constitution of the ALKQN is a guide that must be followed. The senior leadership of the ALKQN will not tolerate retaliation violence as a result of this investigation and patiently waits for the Latin Kings and Latin Queens of Ecuador to develop a plan for their success, elect their leadership, and communicate their plan with the senior leadership of the ALKQN.

Any attempts to express frustration, disapproval,

disappointment, or dissatisfaction with the results of this

investigation will be viewed as futile, as the final word of

the senior leadership of the ALKQN is final.

Informe de Investigación de Ecuador

Amor de Rey! Amor de Reina! Amor de Corona!

En el mes de octubre, la Madre Tierra de la Nación Todopoderosa de Reyes y Reinas Latina realizó una investigación en la situación del ALKQN en Ecuador. Esta investigación no fue enfocada en una persona individual ni en un incidente individual. La investigación fue inspirada por el testimonio personal de varios miembros del ALKQN que reside en varias partes del planeta, inclusive pero no limitado a los Estados Unidos.

Durante la investigación, una gran cantidad de información fue destapada y el liderazgo mayor del ALKQN se asombró de la cantidad de equívoco que muchos creyó ser verdad. Mientras entendemos que por mucho tiempo la comunicación directamente con la Madre Tierra no fui coherente y en la mayoría de los casos, no oficial, los últimos dos años han cambiado este hecho y comunicación coherente y constante ha existido sin el desperfecto.

En numerosas ocasiones, había individuos que, durante la investigación, actuado en una manera que es sin duda alguna, impropio para un Rey. Las acciones de estos individuos serán destacadas luego en este informe hace como las consecuencias de sus acciones.

La influencia de Ecuador

Para más que la última década, muchos países fuera de los Estados Unidos han sido influidos mucho por el ALKQN en Ecuador. Esta influencia entró la forma de reglas, de las regulaciones y de lo que a menudo es referido como "cultura ". Mientras el amor, el respeto, y el compromiso a la corona son una lecciónes inapreciable que todos los que recibieron esta influencia ha aprendido, hay una abundancia de información inadecuada, inexacta e inválida que ha formado la idea de lo que la Corona es sinceramente.

No debe haber confusión en los hechos siguientes:

• Hay sólo una cultura del ALKQN y eso es resumidos por el KMC; nuestra original y unico constitución.

• Todos miembros del ALKQN necesitan tener acceso a y comprensión del KMC.

• Oficiales del ALKQN no reciben la compensación financiera de los miembros de ningún capítulo para su uso personal.

• No hay carga monetaria para uno obtener la asociación en el ALKQN.

• No capítulo puede informar a cualquier otro capítulo como una forma de protocolo. Hay sólo dos hermanos en la Nación (fuera de Las Coronas) que tiene la responsabilidad y la autoridad para trabajar con todos capítulos en un nivel universal. Estos hermanos trabajan como un equipo y han identificado a sí mismo en diversas ocasiones. Estos hermanos son una parte del liderazgo mayor del ALKQN.

• Sólo el liderazgo mayor del ALKQN tiene la autorización para aplicar las políticas para el reconocimiento de nuevos capítulos. Sólo el liderazgo mayor del ALKQN tiene la autoridad para declarar un capítulo oficialmente reconocido por el ALKQN.

• Todo liderazgo mayor del ALKQN reside actualmente en EEUU.

• No hay ningun capítulo que es más grande o más

importante que la Corona total. Esto incluye los capítulos populares tales como el capítulo de Nueva York, que a pesar de su popularidad se queda un capítulo normal. Ningún capítulo individual tiene el derecho de ordenar ni instruir cualquier otro capítulo. Este derecho es reservado para el liderazgo mayor del ALKQN.

Reinas Latinas

Las Reinas Latinas son una parte esencial del ALKQN y la fuerza de la Nación Todopoderoso de Reyes y Reinas Latina. Ellos tiene que ser tratados como realeza y no como ciudadanos de segundos clase.

No debe haber confusión en los hechos siguientes:

• Las Reinas Latinas no pueden tener ni reglas ni regulaciones impuestas que los oprimin en ninguna manera.

• La vida personal de una Reina Latina (así como un Rey Latino) es personal. El liderazgo del ALKQN no tiene la autoridad sobre las decisiones personales de Reinas Latinas (ni Reyes Latinos), especialmente cuando viene a relaciones íntimas, a menos que las decisiones estén en la contradicción directa al KMC. Todos miembros del ALKQN son esperados vivir por las reglas, por las regulaciones, y por las leyes del KMC.

• Las reglas y las regulaciones escritas por Reina Zulma fueron escritas para las Reinas Latinas del Estado de Nueva York durante el tiempo cuando Zulma fue presente en las calles. En 2006, Zulma reconoció que su escritura había sido aplicada en un nivel global y preguntado que todos los que lo leen entendió el hecho que lo estuvo caduco y, en muchos casos, inadecuado. Ella reconoció también la necesidad para Reinas Latinas escribir sus propias reglas y regulaciones, de acuerdo con el protocolo del ALKQN, dirigiendo apropiadamente sus necesidades y conciernen.

• En 2007, el liderazgo mayor del ALKQN autorizó a las Reinas Latinas proponer las reglas y las regulaciones al liderazgo de sus capítulos que dirigieron sus necesidades y conciernen. Estas propuestas no podrían contradecir el KMC en ningún nivel (como propuestas de Reyes Latinos no pueden contradecir el KMC en ningún nivel).

Parafernalia

Mientras es esperado para todos miembros de la Nación Todopoderosa de Reyes y Reinas Latina ser orgulloso de su asociación, es inaceptable para Reyes Latinos y/o Reinas Latinas presentar parafernalia personalmente creada como paraphernalia oficial del ALKQN.

No debe haber confusión en los hechos siguientes:

• No hay regla oficial, en un nivel universal, del ALKQN, que instruye a Reyes Latinos y a Reinas Latinas que son implicados en una relación personal llevar una pulsera específica de cualquier tipo. Tal regla tendría que ser propuesta en un nivel local y votado en por todos miembros del capítulo.

• Collares con cuentas, las pulseras, y los anillos nunca han sido utilizados oficialmente en la Madre Tierra. Mientras la existencia de collares con cuentas es sabida por la Madre Tierra, y utilizado por varios, no es visto como una parte esencial de nuestra presentación.

• El concepto de llevar collares con cuentas fueron hechos popular por el capítulo de la Ciudad de Nueva York. El muy popular de estos collares con cuentas es conocido como el collar de la Unidad. Estas cuentas son hechas alternando cinco cuentas dorado y cinco cuentas negras.

• Los colores del ALKQN son Negros y Dorado; No son Negros y amarillos.

• El collar con cuentas conocido como el rosario, o de los que son "bendecidos" (que será dirigido posterior), que es hecho con dos filas de cinco cuentas negras que alternan con cinco dorado no es reconocido oficialmente como parte del ALKQN. De hecho, es reconocido como un artículo que es contradictorio a la constitución del ALKQN como dos filas de 5 cuentas negras igualan 10 y el ALKQN representa 5, no 10.

• No existe un rosario del ALKQN.

Las Etapas del ALKQN

El único etapas reconocidas del ALKQN son esos descrito en el KMC. No exista ningún otro reconocido estapa fuera de esos tres.

No debe haber confusión en los hechos siguientes:

• El concepto de un "hermano bendecido" no es reconocido por el liderazgo mayor del ALKQN y no es de acuerdo con la constitución del ALKQN.

• En el tarde 90's, dos universal fueron contenidos en la ciudad de Nueva York donde Reyes Latinos y Reinas Latinas fueron bautizados por un sacerdote ordenado. Este bautismo fue hecho para el beneficio espiritual de los que participaron, como una ceremonia que reconoce la importancia del Padre Todopoderoso, el Rey de Reyes. La participación fue totalmente opcional y los que participaron

no fueron vistos existiendo como en un nivel más alto que

los que no participaron.

• Los niveles siguientes han sido encontrados en Ecuador y

no es de ninguna manera afiliado con la constitución

verdadera del ALKQN. Como resultado, ellos son vistos

como contradictorio a las enseñanzas verdaderas y son

vistos como invenciones que existen para el propósito de

causar division adentro del ALKQN. La división no será

tolerada en ningún nivel.

Bendecido

Kingism**

AMEN

**Kingism es el estilo de vida para un Rey y es de no ser

considerado como algo fuera de eso. Revisa por favor los

FAQs del ALKQN que pronto estará disponible en

www.alkqn.org**

• El período de la observación de un miembro futuro del

ALKQN es un período cuando Reyes Latinos y Reinas

Latinas pueden observar, poder comunicar con, y pueden

aprender acerca de individuos que buscan la asociación en

el ALKQN.

• Mientras cada capítulo oficial del ALKQN tiene el

derecho de aplicar las reglas y las regulaciones para

gobernar a sí mismo, las reglas y las regulaciones no

pueden contradecir el KMC y deben ser propuesto primero

y debe ser concordado sobre por la asociación del capítulo.

El liderazgo mayor del ALKQn reserva el derecho de

investigar y últimamente, para declarar vacío cualquier

regal o regulación de cualquier capítulo, si ellos se sienten que su implementación no está en el mejor interés del ALKQN en total.

• Las reglas y las regulaciones locales no pueden ser presentadas como las reglas y las regulaciones universales.

• Los que entran un período de la observación no es cometido al ALKQN y puede decidir que ellos últimamente no quieren cometer al ALKQN. Es a causa de este hecho que información íntima del ALKQN no es proporcionado a los que observan simplemente la Nación y que son observado por la Nación.

Los Asuntos de la Nación que realizan sobre el Internet.

Con la globalización del ALKQN, es imprescindible que utilicemos cada forma de comunicación directa posible.

Con que dijo, el internet, y correo electrónico

específicamente, proporciona una manera efectiva de

comunicar. El único sitio web autorizado y oficial del

ALKQN es www.alkqn.org.

Mientras en un mundo ideal, el liderazgo mayor del

ALKQN podría viajar por todo el mundo, esto no es el

caso. Todos miembros del Liderazgo Mayor del ALKQN

tienen trabajos y responsabilidades financieras. Los viajes

internacional reciente del liderazgo mayor del ALKQN fue

hecho posible por las universidades y las agencias

exteriores que cubren el costo del viaje a y de los Estados

Unidos.

Comunicacion con individuos y organizaciones fuera del ALKQN

Es el derecho exclusivo del liderazgo mayor del ALKQN

de aprobar o negar comunicación oficial entre miembros oficiales del ALKQN y individuos o organizaciones exteriores. Mientras ciertas relaciones existen donde esta comunicación es permitida, estas relaciones pueden ser terminadas en tiempo por el liderazgo mayor del ALKQN. Estas relaciones también no incluyen detalles íntimos del ALKQN y/o ningún asunto que el ALKQN puede estar frente a, a menos que de otro modo especificado por el liderazgo mayor del ALKQN.

Comunicar información íntima del ALKQN a individuos y/o organizaciones, sin el consentimiento previo del liderazgo mayor del ALKQN es un crimen contra el ALKQN y puede tener como resultado la expulsión del ALKQN.

Creacion de las Corporaciones Separadas que utilizan el Nombre del ALKQN

El liderazgo mayor del ALKQN no ha autorizado el uso del nombre de ALKQN en la formación, la creación, y/o el trabajo de cualquiera organización exterior. Mientras el ALKQN sostiene el trabajo positivo que es hecho por Reyes Latinos y Reinas Latinas, y mientras el ALKQN sostiene la formación de organizaciones progresivas por miembros del ALKQN, el uso del nombre "la Nación Todopoderosa de Reyes y Reinas Latina" y/o ninguna variación del nombre no es autorizada y por lo tanto no reconocido como una parte del ALKQN.

La corporación reciente que ha sido formada en Ecuador no es afiliada con el ALKQN y es reconocida como una organización exterior. Recientemente, las noticias del trabajo positivo que miembros de la corporación hacen han sido distribuidas, y el liderazgo mayor del ALKQN felicita a los individuos que trabajan para mejorar su comunidad. Sin embargo, el uso del ALKQN en el nombre de la corporación es visto como una forma de falta de respeto y no es aceptado.

Muchas referencias han sido hechas a la asociación que fue creada en Barcelona, España. Esta asociación no es exenta de lo que ha sido mencionado arriba. Esta corporación es una entidad separada y mientras los miembros fundadores de la asociación son miembros del ALKQN, la asociación que él mismo no es una parte del ALKQN. .

Mientras la prensa puede hacer continuamente la referencia a la corporación en Ecuador, la asociación en Barcelona, o en cualquier otra entidad exterior como si fueran una parte oficial del ALKQN o otro nombre del ALKQN, el hecho es ellos no son. La asociación de estas organizaciones no es gobernada por las reglas, por las regulaciones, por las leyes, ni por constitución del ALKQN como su asociación de la organización es aparte de su asociación (si tenido) con el ALKQN.

Muchos se sienten que la única manera de vivir una vida libre de la persecución del gobierno es de crear una organización separada del ALKQN. Esto es absolutamente inexacto y visto como una excusa. Todos nosotros necesitamos entender los riesgos que asumimos al unir el ALKQN y tan largo como nosotros nos dedicamos a vivir justo, entonces nuestra comunidad mejorará. La persecución de fuerzas opresivas no terminará hasta el concepto de opresión terminara.

Violencia

Bajo ninguna circunstancia hace el ALKQN condona, apoyo, abogado para, o acepta la violencia interna. La fraternidad del ALKQN es uno que es construido en el amor no en la violencia. Los individuos que entran en actos de la violencia bajo el nombre del ALKQN hacia otros miembros del ALKQN pueden encarar la expulsión inmediata de la organización.

El ALKQN es cometido a la mejora de la comunidad Latina. Esto no puede será logrado por actos de la violencia insensata.

La expulsión del ALKQN

Como mencionado más temprano en este documento, durante la investigación realizada por el liderazgo mayor del ALKQN, había individuos que actuaron en la contradicción completa de nuestra constitución. Efectivo inmediatamente, estos individuos son expulsada del ALKQN. A causa de la severidad de sus acciones, un ensayo no fue requerido y la decisión de expulsarlos es final.

El liderazgo mayor del ALKQN entiende que mientras en su tiempo en el ALKQN estos individuos pueden haber hecho enormes contribuciones positivas al ALKQN, nadie está encima de la constitución del ALKQN.

Todos miembros oficiales del ALKQN son esperados entender que esta decisión es final y sólo puede ser cambiado por el liderazgo mayor del ALKQN. Ningunas apelaciones serán aceptadas. Cualquiera que falla de aceptar que esta decisión es final será vista rindiendo su asociación con el ALKQN y puede encarar también la expulsión inmediata.

La historia positive de un individual no garantiza el perdón para errores conscientes en el presente.

Los siguiente son los dos individuos que han sido expulsados de la Nación a consecuencia de la investigación realizada por el liderazgo mayor del ALKQN:

(Rey) Majesty:

1. En el principio de la investigación, Majesty, dejó varios mensajes amenazantes en la máquina de un líder mayor del ALKQN. Estos mensajes han sido registrados y han sido almacenados en el archivo del ALKQN.

2. Durante la investigación, Majesty, adelantó personalmente una copia del correo electrónico de la

investigación a un investigador académico exterior sin el consentimiento del liderazgo mayor del ALKQN. Una copia de este correo electrónico ha sido almacenada en el archivo del ALKQN.

3. En diversas ocasiones durante la investigación, Majesty hizo la acusación contra miembros del ALKQN y miembros del equipo de liderazgo mayor del ALKQN. A pesar de los 30 días que fue dado durante la investigación, y las tres oportunidades para conversaciones telefónicas suceder después de que la investigación fuera completada, Majesty nunca proporciono la prueba palpable para sostener sus acusaciones.

(Rey) Jostyn:

1. En el principio de la investigación, Jostyn, mandó varios correos electrónicos muy irrespetuosos a líderes mayores

del ALKQN, al copiar varios intrusos, individuos previamente expulsados del ALKQN, y de Reyes Latinos y Reinas Latinas que no estuvieron enterados de la investigación. Tales acciones son vistas como tentativas para causar la división entre el ALKQN. Las copias de estos correos electrónicos han sido almacenadas en los archivo del ALKQN.

2. A pesar de una conversación telefónica que sucedió entre Jostyn y un líder mayor del ALKQN donde pedidos fueron hechos en la parte de Jostyn y cumplidos por el liderazgo mayor del ALKQN, Jostyn continuó mandar masa correos electrónicos a intrusos, individuos previamente expulsados del ALKQN, y Reyes Latinos y Reinas Latinas que no estuvieron enteradas de la investigación. Una copia registrada de la conversación telefónica ha sido salvada en

los archivo del ALKQN.

Conclusión

Cada capítulo del ALKQN es importantes al ALKQN, sin embargo nadie está encima de la constitución del ALKQN.

Es una ocurrencia desgraciada cuando individuos que han contribuido tanto al ALKQN, desatiende el protocolo del ALKQN y se portan en una manera que es simplemente inaceptable. Los efectos de sus acciones pueden ser sentían por muchos y son últimamente un recordatorio que mientras muchos escogen llevar la corona, pocos son escogidos ser llevados por la corona.

El ALKQN en Ecuador tiene una historia rica llenó de muchas versiones retorcidas de la verdad. A pesar de la contradicción de información correcta, un coherente en la

historia del ALKQN en Ecuador es el amor para la Corona.
La prueba será si ese amor persistirá como la verdad de la
corona es expuesta y es permitida la oportunidad de
prosperar. Aunque mucho de la información que haya sido
enseñada por años no sido verdad, el tiempo, el sacrificio, y
el amor que muchos han contribuido al ALKQN es
reconocido y válido.

La voz del pueblo debe ser oída y sus necesidades deben
ser encontradas. La constitución del ALKQN es una guía
que debe ser seguida. El liderazgo mayor del ALKQN no
tolerará la violencia de la venganza a consecuencia de esta
investigación y pacientemente esperas para los Reyes
Latinos y Reinas Latinas de Ecuador para desarrollar un
plan para su éxito, elegir su liderazgo, y comunicar su plan
con el liderazgo mayor del ALKQN.

Cualquier tentativa para expresar la frustración, la

desaprobación, la desilusión, o el descontento con los

resultados de esta investigación serán vistos como inútil,

como la palabra final del liderazgo mayor del ALKQN es

final.

Official Statement Regarding History Channel Documentary 12/07

Amor de Rey! Amor de Reina! Amor de Corona!

The last 48 hours has found brothers and sisters from all over the country commenting on the History Channel's Gangland Special on what they simply called, "The Latin Kings". Comments ranging from rage, to praise, to blame have circulated the World Wide Web in what can only be to the delight of all who seek the demise of the Almighty Latin King and Queen Nation.

Early in the summer, producers from the History channel spoke with members of the senior leadership of our beloved Nation and it was made very clear to them that access to information on the Nation would not be granted to them as it was clear that their intentions were not to present the

ALKQN in a fair light. Their intentions were not to speak of the good of the Nation or the true history and meaning of the Nation... their intentions were to speak of violence, murder, and mayhem. Where current examples were not available, the History channel would make them. Their Gangland series had no room for positive light... only negative shadows.

Again, we repeat that members of the senior leadership of the Almighty Latin King and Queen Nation denied access to the History Channel and advised them that no true member of the ALKQN would cooperate with them as protocol was something all true Kings and Queens followed feverishly.

At one point, one of the producers of the History channel attempted to paint a picture of division between the members of the ALKQN in New York City and the members of the ALKQN in Chicago. Our senior leaders laughed at this notion as among our team of senior leaders there sits one who was born and bred in New York City. He along with one who was born and bred in Chicago make up one of the equations that leads our Nation's Globalization.

The interviews that were given were not authorized in any way, shape, or form. They were the actions of individuals who ultimately have done nothing but memorize a few catch phrases and who have found contentment with the parameters of their neighborhood blocks. They do not understand the fact that the crown is bigger than them, their block, their hood, their chapter... their world. They do not understand that all is connected and while the chain is judged by its weakest link, the jeweler is judged by how quickly he repairs it.

Among the comments and posts that traveled the world over the weekend, there was one that stood out. One that was forwarded to us that spoke about the actions of King Tone and his decision to expose the New York Chapter of the ALKQN to the media. We were ultimately appalled by the perception the author of this post had. According to him, the stage for such negative coverage as what the History channel put together was set by hermano Tone and he was ultimately to blame for the negative exposure of the ALKQN. Such a belief could not be further from the truth. The coverage of illegal activity is the fault of those who engaged in the illegal activity. There is no one else to blame for that.

The individual went on to write that the body of NYC was

exposed to the media against their will, that lessons were published in the newspapers, that prayers were given to the media, and that hermano Tone never had to answer to the fact that all were not comfortable. These statements, again, are on the opposite spectrum of the truth. They not only are false, but condemning and judgmental... two things that have no place in the relationship of brothers and sisters.

Those who lived during the time of filming for "HBO" and "Black and Gold" know very well that consent forms were offered to all who wished to be interviewed and focused on by the camera. There was never an instance when one could not say, "I am not comfortable with being on camera", and simply walk away. The political climate in the city during the late nineties was high and all wanted to show that they were apart of the movement for social justice. Many sought out the cameras and did what they could to be on film so that they could become "those people on the screen".

To say that all agreed with the exposure would be a lie. However, to say that lessons and prayers were given to the media is another falsehood. Many opposed the cameras being around and our actions being recorded, so they simply did not participate. Tone ultimately answered to the leadership of the ALKQN regarding his individual decisions and answers were provided to questions that were had. Those who did not know that fact need only realize that they did not need to know.

Ten years ago, the internet was not as profound as it is now. The ability to communicate across the globe was not as popular as it is now. We now live in an age where the 15 minutes of fame that one seeks is only a few mouse clicks away. With just a few minutes at a computer, one can paint themselves to be whatever, whoever, and wherever their hearts desire. The imagination is no longer limited and social economic status is no longer a deterrent.

To those who feel the need to point the blame on others via the internet, we ask you, "Are you truly supporting the Nation you claim to love so unconditionally?" The Nation has only one official and authorized website, www.alkqn.org. It is through this Nation owned and operated website that official correspondence is delivered to the world. Popular sites such as Myspace, and Facebook are owned and operated by networks and companies that have consistently expressed their hatred of the ALKQN. Yet, the ability to solicit members of the opposite sex and the ability to show others who you are in your imagination is so alluring that brothers and sisters, Kings and Queens, don't seem to mind.

We digress…

Returning back to the subject at hand; this History Channel "documentary"….

The literature that was displayed on the special was organized in the late 90's by an individual who is no longer a member of the ALKQN. While its content has truth (the literature), the presentation and organization of it was the work of one man. When and how this information was provided to the History channel are still unanswered questions.

The ignorant individuals who asked their faces to be

blurred, yet taunted and invited their enemies to "come see them" with such phrases as "You know where we be at!", spoke of not believing in the God. Not believing in the Almighty Father Himself? With such a statement, the ignorant individual might as well have come out and say, "I am an actor portraying a Latin King for the sake of this documentary".

The "Gangland" series highlights the origins of every gang/organization it features. The fact that they chose to focus on the New York Chapter speaks volumes to the feeling many have that New York is greater than any other chapter. While clearly the oldest child the mother has, New York is simply one piece of the globalization of the ALKQN. To contribute to a story without following the proper protocol raises the questions, "Are you truly loyal to the Almighty Latin King and Queen Nation? " or "Are you simply in love with the idea of being a Latin King in some distorted and altered version of your own Nation?"

This is not the first or the last time our crowns will be attacked by the mainstream media. As long as we have individuals who do not understand that their personal actions are a reflection on all of us, there will always exist a pool of examples for our enemies to draw from.

You are all encouraged to not only study the truth of the Almighty Latin King and Queen Nation, but also of the Nations that our Nation exists in. We must truly understand the system if we are to change it.

For those who feel that under no circumstances should our faces appear in the media, we ask you to explain what you are hiding from?

For those who feel that "righteousness" is just another word for their on-line poetry, we ask them to realize that the ALKQN is not a fad, not a pick up line, and not wall paper for your personal web page.

For those who understand that complete knowledge will never be attained while inhabiting a mortal body, we thank you.

For those who live all that they believe and do not simply wear their crown at a meeting, we salute you.

For those who we have lost and whose guidance we draw from, we embrace you.

For those whose every breathe is the true essence of the Almighty Latin King and Queen Nation, we love you.

Excerpt From El Grito De Los Reyes 2007

Amor de Rey y Corona, familia. I pray that the light of the Almighty Father, King of Kings, provides you and all in your Kingdoms His warmth, as you read these words and always.

This issue of El Grito De Los Reyes is dedicated to the Globalization of the Almighty Latin King and Queen Nation. Our existence all over the world is yet another tangible example of the Almighty ensuring that his children move forward and progress.

Despite the fact that our globalization has gained popularity in the last couple of years, it is nothing new. The ALKQN has had some sort of knowledge of chapters in various countries for over a decade. Unfortunately, due to poor organization and a limited amount of resources, there did not exist a consistent team that supported these chapters. Nor was our Motherland informed on the creation or continuance of these chapters.

Over the last two years, the errors of the past have been rectified through the implementation of various measures ranging from the creation of a team in the Motherland that will gather, organize, and maintain information from the chapters all over the world to assigning one brother to travel to chapters throughout the world to serve as the official representative of the Motherland and to provide education and training on our constitution, history, literature, and practices. Unfortunately, progress always comes with a price as well as resistance. The word of the Motherland, the history of our Nation in the USA, the true meanings of our terms, and the sincerity of individuals who have been given a job has been questioned, doubted, disregarded, and disrespected. Brothers have found it acceptable in their own world, to place themselves above others and present themselves as the meaning of the ALKQN. These individuals could not understand the fact that no one is better than any other. Not even the brother who has been assigned a job in our family is above the brother who has recently entered.

The last two years also exposed a series of atrocities that have been committed in various parts of the world by individuals who felt the name of our Nation could serve as the creator of their own personal playground. Their personal interest infected their every breath and action, and caused our brothers and sisters to live through a hell that did not represent anything that was truly Black and Gold.

Today, measures have been implemented to ensure that the truth has a home everywhere in the world that a Latin King or Latin Queen exists. Communication between brothers and sisters all over the world and the USA is at an all time high. Procedures have been implemented to allow for prospective new chapters to request official recognition from the Motherland and exist in the roster of the Almighty Latin King and Queen Nation. The following countries are currently recognized as having official chapters:

Canada

Cuba

Dominican Republic

Ecuador

Italy

Peru

Spain

There will be many more in the future.

Family, the following pages are intended to serve as a celebration of our Nation's accomplishments. Enjoy them. Find inspiration in them.

Let our love for the Crown be the vaccine to envy and egotism.

Let our royalty be clear in how we treat our brothers and sisters...both in the Nation and outside of the Nation.

I raise my crown high to you all, for it is your accomplishments that make the Grito and all that we do, possible.

Amor de Rey y Corona, familia. Oro que la luz del Padre Todopoderoso, el Rey de Reyes, los proporciona a usted y a todo en sus Reinos Su calor mientras que usted lee estas palabras y siempre.

Este asunto de El Grito De Los Reyes es dedicado a la Globalización de la Nación Todopoderosa de Reyes y Reinas Latinas. Nuestra existencia por todo el mundo es otro ejemplo palpable de que los hijos del Todopoderoso se adelantan y progresan.

A pesar de que nuestra globalización haya gozado de una popularidad mayor en los últimos dos años, no es nada nuevo. El ALKQN ha tenido algun tipo de conocimiento de capítulos en varios países hace una década. Desgraciadamente, debido a la organización pobre y una cantidad limitada de recursos, no existió un equipo coherente que sostuvo estos capítulos. Ni fue nuestro Madre Tierra informado en la creación ni la continuación de estos capítulos.

Sobre en las dos años, los errores del pasado han sido rectificados por la implementación de varias medidas que recorren de la creación de un equipo en el Madre Tierra que reunirá, organizará, y mantendrá información de los capítulos por todo el mundo, a asignar a un hermano para viajar a capítulos a través del mundo para servir como el representante oficial del Madre Tierra y para proporcionar la educación y entrenando en nuestro Constitución, la historia, la literatura, y practicado. Desgraciadamente, el progreso siempre viene con un precio así como resistencia. La palabra del Madre Tierra, la Historia de nuestra Nación en EEUU, los significados verdaderos de nuestros términos, y la sinceridad de individuos que han sido dados un trabajo ha sido preguntada, ha sido dudada, ha sido desatendida, y ha sido faltada al respeto. Los hermanos lo han encontrado aceptable en su propio mundo, para colocar a sí mismo encima de otros y presentar a sí mismo como el significado del ALKQN. Estos individuos no podrían entender el hecho que nadie es mejor que cualquier otro. Ni el hermano que ha sido asignado un trabajo en nuestra familia está encima del hermano que ha entrado recientemente.

Los últimos dos años expusieron también una serie de las atrocidades que han sido cometidas en varias regiones por individuos que sentían el nombre de nuestra Nación podría servir como el creador de su propio campo de juegos personal. Su interés personal infectó cada aliento y acción, y causo que nuestros hermanos y hermanas sobrevivia en un infierno que no representó nada que fue sinceramente Negro y Oro.

Hoy, las medidas han sido aplicadas para asegurar que la verdad tenga un hogar por todas partes del mundo que un Rey Latino o Reina Latina existe. Comunicación entre hermanos y hermanas por todo el mundo y los EEUU están en un alto. Los procedimientos han sido aplicados para tener en cuenta nuevos capítulos futuros para solicitar el reconocimiento oficial del Madre Tierra y existir en la lista de la Nación Todopoderosa de Reyes y Reinas Latinas. Los países siguientes tienen capitulos que son reconocido oficialmente:

Canadá

Cuba

República Dominicana

Ecuador

Italia

Perú

España

Habrá muchos más en el futuro.

Familia, las páginas siguientes son destinado servir como una celebración de nuestros logros de la Nación. Gócelos. Encuentre inspiración en ellos.

Permita que nuestro amor para la Corona sea la vacuna para envidia y el egoísmo.

Permita que nuestra realeza sea clara en cómo tratamos nuestros hermanos y hermanas. .. en la Nación y afuera de la Nación.

Levanto mi corona alto a ustedes, por que son sus logros

que hacen el Grito y todo que hacemos, posible.

Official Statement Regarding Minors In The ALKQN

Tuesday, February 05, 2008

An executive decision has been made by the Senior Leadership of the Almighty Latin King and Queen Nation to discontinue the admittance of minors (individuals under the age of 18) into the Nation. This decision is effective immediately and will be adhered to by all chapters of the ALKQN on a global level.

We live in a time where the forces that seek to deny the progress of our community have clearly demonstrated their ability to manipulate the "law" to their advantage. Our youth continue to be criminalized and our community continues to allow resources to be depleted.

The Almighty Latin King and Queen Nation is not, and was not ever intended to be a safe haven for our young. We are individuals who have banned together to form a Nation of struggle. As Kings and Queens, we will not know rest as the social ails we combat do not rest. As rulers of our Kingdoms, we should want nothing more than for our children to enjoy their innocence as long as they can.

It has been said that the struggle for justice is a battlefield... We will not make soldiers out of our youth.

Amor de Rey y Corona!!

La Declaración Oficial Con Respecto
A Menores En El ALKQN

Tuesday, February 05, 2008

Una decisión ejecutiva ha sido hecha por el Liderazgo

Mayor de la Nación Todopoderosa de Reyes y Reinas

Latina para discontinuar la entrada de menores (individuos

bajo la edad de 18) en la Nación. Esta decisión es efectiva

inmediatamente y es de ser adherido por todos capítulos del

ALKQN en un nivel global.

Vivimos en un tiempo donde las fuerzas que procuran

negar el progreso de nuestra comunidad ha demostrado

claramente su habilidad de manipular la "ley" a su ventaja.

Nuestra juventud continúa ser criminalized y nuestra

comunidad continúa permitir los recursos para ser

agotados.

La Nación Todopoderosa del Reyes y Reinas Latina no es, y no fue pensado ser jamás un refugio para nuestros jóvenes. Somos individuos que junto formamos una Nación de lucha. Como Reyes y Reinas, nosotros no descansamos como los problemas sociales que combatimos no descansa. Como gobernantes de nuestros Reinos, nosotros no debemos querer nada más para nuestros niños que goce su inocencia tan largo como ellos puede.

Ha sido dicho que la lucha para la justicia es un campo de batalla… Nosotros no vamos hacer soldados de nuestra juventud.

Amor de Rey y Corona!!

La Globalization Oficial De La

ALKQN

Adelanto

La Todopoderosa Nación de Reyes y Reinas Latinas
es una organización con muchas ideas diferentes de lo que
debe ser, lo que puede ser, y algunas veces lo que era. La
necesidad de escribir un libro de la ALKQN escrito por la
ALKQN ha sido un tema hablado en muchas
conversaciones de los miembros en cada esquina de la
Todopoderosa Nación.

Mientras lean este libro le pregunto que mantenga
su mente abierta a lo que será dicho, pues, pensamientos
serán expresados y a lo mejor no estén de acuerdo pero
mantengan en mente que la percepción de uno es la
realidad de uno. Con esto en mente, piense como usted
escribiría su propia historia, ¿hablarías de aquel secreto
oscuro que todos en tu familia saben pero del que nadie

habla? Si no, no seria la historia completa, a lo contrario,

seria una historia de solo unos cuantos eventos de tu vida.

Nosotros como una Nación somos concientes que

nuestros queridos hermanos y hermanas han participado en

lo negativo de nuestro pasado pero pocos son concientes de

lo positivo que pasa diariamente. A pesar de lo que ha sido

transpirado, nosotros como familia tenemos que tratar con

estos asuntos como cualquier otra familia, con AMOR.

Amor se hace difícil encontrar en estos días, considerando

todo el odio publicado en este mundo. Esta publicación

hablará de temas que hará a muchos sentirse incómodos y

le abrirá los ojos a otro pero será comunicado por AMOR,

como mencioné antes, mantengan sus mentes abiertas de

los temas hablados.

En el principio la ALKQN fue conocida como un

grupo de adolescentes, mujeres y hombres, quienes

luchaban por su derecho de vivir en barrios que no

escogieron vivir pero mal ubicados por principios de

gentrificación en la zona Lincoln Park de Chicago. El

grupo fue conocido como la organización de Reyes Latinos

que por un tiempo tuvo una oficina pequeña en North

Avenida, en la comunidad Westton, donde publicaban

periódicos con cartas de hermanos encarcelados. Estas

publicaciones comunicaban la necesidad del dinero para

sobre vivir en la prisión, conocimiento de lo que estaba

pasando en la comunidad, y libertad de sus pensamientos

que aun estando en la prisión se sentían parte de la lucha en

su comunidad. Casi todas la cartas terminaban con un

relajo o en broma y lo habitual, "mira, dile al hermanito

que nos vemos pronto". Ahora la ALKQN se ha

convertido en una organización multé-nacional

incorporando muchas nacionalidades, hombres, mujeres,

adolescentes, cleros, doctores, personas militares,

abogados, etc...para crear una nueva forma de empezar.

La ALKQN también tiene sus asesinos, narcotraficantes,

abusadores, ladrones etc...pero miramos a otras naciones y

nos damos cuenta que no somos tan diferentes, a pesar de

no tener billones de dólares e invadir otros países por

ejercicio.

La Nación hace lo mejor posible de dirigir a

individuos que son negativos para lo positivo, a veces

trabaja y a veces no. El liderazgo mayor de la ALKQN

nunca será parte del uso de violencia ni apoyara ningún tipo

de actividades ilegales en nombre de la Nación o de ningún

individuo en la Nación, pues sabemos que no les provee a

la gente que juramos servir y proteger de sus opresores.

La Todopoderosa Nación de Reyes y Reinas Latinas tiene cuatro rezones específicas por la cual existe y toda las razones tienen un resultado positivo y aunque hemos perdido nuestro camino a la tierra prometida miramos al libro de Deuteronomio donde Moisés puso a prueba el pueblo de Israel. Moisés les recordó del pasado y del pacto que tenían con Dios para entrar a la tierra prometida. Este libro será parte de muchos por venir que hablaran del pasado, el presente y posiblemente futuro eventos de esta Nación cuales, si no se hablan verdaderamente, tendrá un efecto profundo y dañino para la ALKQN.

Amor De Rey y Reina,
Rey Radar

Introducción:

La globalización de la Todopoderosa Nación de Reyes y Reinas Latinas es un tema que muchos encuentran de interés extremo. Libros han sido escritos por muchos reclamando haber visto este fenómeno desde adentro con una relación intima que es impredecible. Ellos usan palabras para pintar imagines donde ellos son confidentes de Reyes y Reinas Latinas. Se presentan como individuos cuyos hombros estuvieron presentes cuando muchos en el movimiento de la ALKQN necesitaban descansar sus cabezas. La realidad es que, a lo que muchos de estos individuos si estuvieron presentes en muchas ocasiones, los detalles íntimos de nuestro movimiento nunca fueron divulgados a ellos; esta acción va contra nuestras enseñanzas y creencias privadas.

"La globalización de la Todopoderosa Nación de Reyes y Reinas Latinas" es el primer y único libro escrito por un miembro activo de la ALKQN con el permiso del liderazgo mayor de la ALKQN, la bendición del Padre Todopoderoso, Rey de Reyes y mis experiencias personales. Los invito a la globalización de un movimiento que es seducientemente relacionado a varios temas políticos, problemas sociales y tendencias adolescentes.

Consintiendo a voltear las paginas de este libro y semejarse en la verdad real que ellas contienen, usted esta entrando a un mundo que no esta mirando hacia atrás criticando de un punto académico. En ves, usted esta entrando a un mundo que esta reflexionando en el pasado, haciendo sentido del presente y preparándose para el futuro. Después de décadas de estar sentados inactivo, a lo que el resto del mundo topa

Sobre nuestra existencia como si fuera una pecera, nosotros

ahora nos paramos con nuestras coronas brillando fuerte y

gritando, "Amor De Rey! Amor De Reina! Amor De

Corona!" Salimos de nuestro Reino de solitud y no solo

hablamos...gritamos. No mas podemos mantenernos

sentados a lo que aquellos que un día considerábamos

amigos olvidan su lugar y toman la libertad de hablar de

nuestra parte...a pesar del hecho que no les hemos

pedido hablar por nosotros. No somos una Nación muda, y

entendemos que no podemos esperar que nuestra

comunidad entienda nuestra existencia si no tomamos el

tiempo de explicársela.

Puede ser que se esté preguntando, ¿Que puede

tener este simple, pequeño y sincero libro que otros en mi

librería no tienen? La respuesta es simple, este libro

contiene la verdad. Información de la ALKQN, escrita por

la ALKQN. Libros que sensaciónalizán violencias pandilleras y drama, que terminan siendo mejores vendedores, no son escritos por miembros del ALKQN; nunca lo fueron. Si, esto incluye hasta los más populares, cuyo titulo no deseo mencionar. De nuevo les repito, este es el primer y único libro escrito por un miembro de la Todopoderosa Nación de Reyes y Reinas Latinas referente a la Todopoderosa Nación de Reyes y Reinas Latinas. Todo lo otro es simplemente ficción dramatizada ó una compilación de entrevistas y conversaciones mezcladas para presentar una experiencia.

Muchos individuos referidos en este libro no verán sus nombres en las páginas. Iniciales y descripciones serán usadas para presentarlos al lector. Por ejemplo, "FDT" será usado en lugar de "Fulano De Tal". Esto no será el casa para todos mencionados en este libro, pero si para varios.

También habrá páginas que divulguen los nombres de individuos que ya no son miembros de la Todopoderosa Nación de Reyes y Reinas Latinas. Los nombres utilizados serán los nombres por cuales se les conocía estando en la ALKQN. Ellos ya no reservan ningún derechos sobre estos nombres ya que su membresía ha expirado.

Muchos se han sentado en la mesa con nosotros y hemos compartido platos de lucha, perseverancia, compromiso, dedicación y fe. Sin embargo, ninguno se ha quedado en la mesa después de recibir su porción y después, la mayoría, se han purgarizado por beneficio propio. Los hombres y las mujeres que sinceramente componen la Todopoderosa Nación de Reyes y Reinas Latinas, en números, son mucho menos que el pueblo se imagina.

Las páginas que siguen son solo una vislumbre de nuestra existencia compleja. Aquí, les enseñaré una porción de nuestro corazón, pero no les venderé nuestra alma. "¡Muchos eligen y pocos son elegidos!"

¡¡Amor De Rey y Corona!!

Capitulo 1
Nuestra Historia

El primer paso en entender algo de la Todopoderosa Nación de Reyes y Reinas Latinas es entender la historia de la Todopoderosa Nación de Reyes y Reinas Latinas.

La ALKQN fue creada en las calles de Chicago, Illinois en el año 1963 por un grupo de puertorriqueños alocados en la calle Kedzie y Ohio. Durante el primer mes del primer capitulo ser creado, el segundo capitulo de la ALKQN fue formado en la calle Leavitt y Schiller.

La motivación por la cual la ALKQN fue creada vino del hecho de los club callejeros uniéndose como una organización para poder protegerse del racismo y abuso contra la comunidad latina. La culminación del racismo e injusticia social que los puertorriqueños y otros latinos fueron forzados a pasar, vino en el año 1966 con el evento que llego ser conocido como "El motín de la calle Division" (Division Street Riots). La muerte de la joven de vente años, Aracelis Cruz, que fue disparada por un policía en la esquina de Damen y Division después de la primera parada puertorriqueña en Chicago, empezó lo que la historia ha grabado como el primer motín de la comunidad puertorriqueña en los EEUU.

Mientras el fundamento de la Todopoderosa Nación de Reyes y Reinas Latinas nunca fue de violencia o actividades ilegales, nuestra membresía vino de las calles que estaban contaminadas con esa plaga, entonces la organización inevitablemente cayo victima a esas mismas calles. Miembros cayeron presos con sus malas costumbres y llevaron su membresía a la prisión. Pronto después la ALKQN no fue solamente fuerte y poderosa en las calles de Chicago pero también en el sistema penitenciario.

Diez años después de la nación ser formada en lo que llamamos ser la Madre Tierra (Chicago, IL.), la nación encontró ruta a Nueva York por la llegada de un hermano llamado Rey Tzan (que en paz descanse) quien humildemente trajo sus experiencias y creencias a la semilla de la gran manzana conocida como el Bronx. Un poco más de una década después, La ALKQN en la ciudad de Nueva York se presento de una manera formal y más popular al mundo por las acciones de Rey Blood en la Facilidad Correccional Collins (Collins Correctional Facility). Ahora, tiene que ser entendido que los fundadores de la Nación no existieron con la intención de crear una organización fuera de Chicago, Illinois. Entonces, con el comienzo de la Nación en Nueva York vino el comienzo de lecciones, leyes, creencias, y filosofías de la ALKQN que fueron desfiguradas y cambiadas dirigiendo a las necesidades y al estilo de vida de la

pueblación que ahora estaba adquiriendo membresía. La

separación de la constitución original fue evidente en las

escrituras de Rey Blood, mientras circunstancias lo

mantuvieron en una situación en la cual no era fácil

comunicarse con el hermano que le había enseñado las

maneras y costumbres de la ALKQN en la Madre Tierra,

Rey Blood nunca toco papel con pluma y nunca dejó

palabras salir de sus labios sin reconocer que Chicago era,

y sigue siendo, la única Madre Tierra de la Todopoderosa

Nación de Reyes y Reinas Latinas. El, claramente, dijo que

aun que él era la voz y el líder de Nueva York, sus palabras

siempre serán segundas a las del liderazgo mayor de la

ALKQN en Chicago, IL. Inevitablemente, la Nación en

Nueva York alcanzo una popularidad que rivalizo la

Nación en Chicago. Esto hizo que individuos presintieran

división y últimamente creando un ambiente donde Reyes
y Reinas Latinas empezaron a identificarse con una de las
dos ciudades mayores.

Aquí tenemos el primer ejemplo de la ALKQN
sintiendo el efecto de las circunstancias sociales. La
cultura de la costa este, especialmente de la ciudad de
Nueva York, es una de lujos y dramáticos. Nueva York
era, y es todavía llamada "la capital del mundo". Tal
reconocimiento fue manifestado entre los Reyes y Reinas
Latinas de Nueva York, sintiéndose medio superiores,
últimamente tomando el derecho a distribuir las enseñanzas
de la Nación con su propio entendimiento.

La organización que nunca estuvo supuesta salir de
las calles de Chicago, ahora se encuentra creciendo como
una organización a un nivel nacional. Siendo una
organización nacional, la Todopoderosa Nación de Reyes y

Reinas Latinas pronto encontró como llegar a países fuera de los EEUU por viajes voluntarios e involuntarios hechos por miembros e individuos que fabricaron membresía.

Capituló 2:
Creciendo Demasiado Rápido

A lo que la Nación creció a través del litoral esté, distorsiones de la verdad se convirtió más y más popular y la membresía del ALKQN creció más y más lejos de la literatura original y oficial. Drama interno parecía estar sustituyendo el concepto de tranquilidad familiar. La búsqueda perjudicial de fama y gloria estuvo activa completamente y los efectos negativos pueden ser encontrados y sentidos en todos lugares.

Debe ser entendido que el liderazgo mayor de la ALKQN nunca instruyo que la Nación fuera extendida fuera de los EEUU. Sin embargo, cuando la circunstancia sacó a hermanos y/ó hermanas fuera del los EEUU, ellos viajaron con sus coronas firmes sobre sus cabezas. Con eso dicho, si ellos pisaron tierra donde no existía la presencia del la ALKQN y ellos estaban en buen estado con la Nación, ellos tuvieron todo el derecho de establecer un capitulo y comunicar su establecimiento con las autoridades apropiadas.

A lo que capítulos empezaron a florecer, el problema no fue que su existencia no fue comunicada. El problema fue que su existencia no fue comunicada con las autoridades apropiadas. Una buena razón por esto fue el hecho de que las autoridades apropiadas no se hicieron accesibles.

La realidad de la vida en las calles de Chicago, el hecho de que la Nación nunca fue intencionada salir de estas calles y las varias situaciones que aumentaron por resultado de que la verdad fue ignorada, inspiro a que nuestros fundadores y liderazgo mayor se alejaran de las

necesidades de la gente con hambre de ser real y

representar la Todopoderosa Nación de Reyes y Reinas

Latinas. Esto creó un gran vacío....un vacío que lideres de

Nueva York y el área Tri-Estado estuvieron dispuestos a

llenar.

Aquí la Nación fue enfrentada con otro conjunto de

realidades que no estuvimos listos para enfrentar. Nosotros

éramos una organización Latina que ascendía por el

progreso de nuestra comunidad y la preservación de nuestra

cultura, sin embargo, muchos no hablaban Español, pocos

habían viajado fuera de sus comunidades, menos del país y

habíamos solidificado nuestra existencia como miembros

de la cultura popular Urbana Americana que adolescentes a

través del mundo frecuentemente quieren imitar. No se

esperaba que fuéramos los que sufrieran de choque cultural cuando pisáramos tierras de nuestros ancestros. Después de todo, éramos Reyes Latinos y Reinas Latinas...nuestros Reinos fueron construidos con ladrillos de nuestra historia y el cemento fue creado de nuestro entendimiento. Yo creó que se puede decir que muchos de nosotros fuimos desamparados en este sentido.

Las mareas estuvieron cambiando en comunidades Latinas a través de los EEUU y complacencia le estaba dando camino a glorificación. Adolescentes estaban perdiendo su sentido de futuro y el promedio de esperanza de vida en el "barrio" se convirtió en 18-21 años de edad. Nuestros hijos consideraban las calles suyas y la placa de honor por cuales trabajaron se convirtieron en registros de antecedentes penales. Organizaciones existían, y todavía existen, para combatir estas tendencias pero el hecho de que se esperaba que los adolescentes llegaran donde estos servicios se ofrecían todavía existía...los servicios no siempre estaban dispuestos llegar donde ellos.

A lo que rumores se extendían que la ALKQN había alcanzado proporciones globales, encontramos orgullo en nuestra perseverancia. De alguna manera, en un nivel bien subconsciencial, vimos la fuerza de nuestra Nación como nuestra fuerza propia. Desafortunadamente, no entendimos completamente el significado de cargar el peso de la reputación de nuestra Nación sobre nuestros hombros. Consistentemente fuimos visto como criminales y aveces que no pudimos ver nada diferente en nuestras propias reflexiones. Nadie puede decir que nunca existieron miembros que cometieron delitos...el problema es que nadie quiso escuchar que no todos nosotros estábamos cometiendo delitos. Incluso, era y sigue siendo la minoría de nuestra membresía que esta involucrada en actividades delictivas; y esos que están involucrados los están a nivel individual. Ellos no están trabajando en nombre de la Todopoderosa Nación de Reyes y Reinas Latinas. Tampoco beneficiamos de ninguna manera o forma de estas actividades. Cuando los medios de comunicación presentan a un individuo que es culpable de delito, como un líder de la Nación, ellos no pueden estar más incorrectos. Si uno esta sirviendo como un líder y se extravía de las enseñanzas de la Nación, se involucra en actividades delictivas, y en ultima instancia es convicto, ellos entonces renuncian su liderazgo y no mas son visto como figura autoritiva.

Es un hecho absoluto que ningún miembro del liderazgo mayor de la ALKQN esta involucrado en actividades delictivas. Todos están legalmente empleados, trabajan duro, son hombres y mujeres de familia que se comprometen a la causa de despertar nuestra comunidad para que todos podamos progresar.

Con esto dicho, todavía tenemos individuos apareciendo en todas partes del mundo y presentándose como lideres oficiales. Aquellos que se toparon con ellos no tuvieron un entendimiento de nuestra verdad entonces no supieron como verificar sus credenciales mucho menos entendían lo que era verificar credenciales. Esto causo que la literatura de la Nación llegara a nuevos niveles de distorsión. Reglas fueron creadas, en veces por la necesidades de la gente, pero también por deseos personales de esos que llegaron ser conocidos como los lideres. La gente tenia hambre y deseo de involucrase con este Negro y Oro, y frenéticamente pelearon por poner sus manos sobro todo que "llegará de los EEUU". Mientras se entendía que Chicago era, y sigue siendo, la única Madre Tierra de la Nación, la popularidad y cobertura de la Nación en el estado de Nueva York por los medios de comunicación, creó un imagen en las mentes de la gente que sus lideres eran los lideres supremos de la Nación. De acuerdo, esto fue falso, pero en los finales de los 90's la percepción fue tan grande que se convirtió en una realidad in disputada para muchos.

Muchos lideres en Nueva York y el área del Tri-Estado comenzaron a participar en actividades de organización en otros países vía hermanos que viajaban por razones personales o porque fueron deportados por el gobierno de los EEUU.

Debe ser entendido que cuando estos hermanos viajaron (voluntariamente o no), para la gente de esos países donde ellos visitaban o fueron relocalizados, ellos viajaban como representantes naturales de la vida en los EEUU. Su popularidad fue instantánea ya que ellos caminaron en las mismas calles que fueron presentadas en películas y programas de televisión. Adolescentes, tanto como adultos, se llevaron de cada palabra de estos individuos...ellos eran como recuerdos que hablaban, caminaban y respiraban. Su ropa fue considerada de ultima moda, sus palabras las mas creíbles en las calles y sus manierismos los mas aceptados. El hecho que el liderazgo mayor de la Nación no mandará a estos individuos con una misión o responsabilidad significo nada para las masas a quienes probaron tangibilidad. Estos individuos fueron considerados líderes en la Todopoderosa Nación de Reyes y Reinas Latinas y eso fue demasiado bueno para simplemente renunciar.

Capitulo 3
Mirando Desde Adentro No Cambia La Realidad Que Son Extranjeros.

Uno de los métodos usados por el liderazgo en la ciudad de Nueva York dirigidos hacia la expansión de la Nación y las necesidades de la gente era crear relaciones de trabajo con varios activistas de la comunidad y lideres religiosos. La lógica detrás de tal relaciones era que nosotros necesitábamos envolvernos en los esfuerzos de nuestra comunidad y no solamente preocuparnos por las cosa internas de la Nación. Mientras sabíamos que eran muchos los que reclamaban ser cometidos a la comunidad Latina pero no estaban dispuestos a trabajar con organizaciones callejeras, sabíamos que avían aquellos sinceramente cometidos a la comunidad sin ningún otro motivo. Activistas como el señor Richie Pérez (que en paz descanse) nos abrieron las puertas, no solo las de sus

oficinas pero también las de sus corazones y nos enseñaron

que la hermandad por la cual luchábamos no solo existía en

nuestro mundo de Negro y Oro.

Participando en juergas, marchas y protestas por

varios temas, desde ingresos bajos la brutalidad policíaca.

La ALKQN vino a obtener una nueva popularidad en los

1990s, y con su popularidad vino gran atención de medios

públicos. Decisiones fueron tomadas para usar la espada de

doble filo de los medios públicos pare enseñarle al mundo

que nuestro enfoque es el progreso de nuestra gente.

Nosotros pensábamos que la única manera de combatir

contra la reputación de ser criminales y delincuentes era

enseñándole al mundo en realidad quienes éramos.

Mientras todos no estuvieron de acuerdo con las decisiones

tomadas, la mayoría en la ciudad de Nueva York las

apoyaron. La mayoría entendía que no había razón por la cual quejarse por la imagen que teníamos sin estar dispuestos a cambiar la. Fue en este tiempo que "Black and Gold" (una producción de Big Noise Films Productions) y el especial de HBO fueron grabados. Mientras las dos se enfocaron mayormente en las acciones y filosofías de Rey Tone (King Tone), tiene que ser entendido que varios Reyes y Reinas estuvieron involucrados en lo que vino a conocerse como "la transición política de la Todopoderosa Nación de Reyes y Reinas Latinas".

Compromisos voceros, ateneos, presentaciones, y participación en convenciones empezaron a aparecer por todo el país tan frecuentemente que tuvimos hermanos y hermanas dedicados específicamente al manejo de estas actividades. Ningunos de nosotros pensamos que miembros de la Nación fuera de la ciudad de Nueva York

nos consideraban líderes en posiciones superiores a las de

ellos mismos. Aun que recibimos mucha popularidad y

atención a través de medios públicos, nosotros simplemente

seguimos siendo miembros del capitulo de Nueva York de

la Todopoderosa Nación de Reyes y Reinas Latinas.

Cualquier posición de liderazgo que obtuvimos fue

exclusiva al estado de nuestra residencia. Hasta Rey Tone,

que fue frecuentemente puesto como el líder supremo de la

ALKQN por los medios públicos, era solo un líder en

Nueva York. Hasta esta fecha, este Hermano nunca ha

visitado la Madre Tierra de la Nación. El nunca fue dado la

autorización de hablar de parte de la Madre Tierra y nunca

reclamo ser voz de ella. Aquellos de nosotros que

estuvimos al lado de Rey Tone regularmente y quienes

sinceramente estuvimos dedicados al trabajo que se hacía,

nunca presentamos a este hermano ni a ningún otro como

autoridad a través del mundo. Fueron las imágenes que los

medios públicos generaron de nosotros que inspiraron a

nuestros hermanos y hermanas en un nivel global a

reconocer a Rey Tone como su líder superior. La verdad de

nuestra constitución y nuestras leyes no eran tan

glamorosas como las son los periódicos o el Internet.

Unas de las relaciones mas visibles que tuvimos

fue la del padre/activista/profesor que vamos a llamar

P.L.B esta relación probo ser importante no solamente en

nivel involucrazo de comunidad, pero también en un nivel

espiritual mientras proveyendo a la Nación con un lugar

para expresarse espiritualmente, ofrecer guía espiritual y

asistencia. Llevando a cabo bodas, bautismos, y otras

ceremonias tradicionales católicas, P.L.B llego ser parte

intima de nuestra ecuación, y mientras los años pasaron se

le había dado mas acceso a nosotros, mas que cualquier otro individuo con quienes trabajábamos.

Llego un punto en cual P.L.B vino al liderazgo de la ALKQN en NYC y les dejo saber de sus deseos de escribir un libro sobre la Nación que ultimadamente puede ser usado como un texto académico para otros ver nuestra verdad, entender nuestra lucha y darse cuenta de nuestra realidad. Después de varias discusiones, la respuesta fue "si". P.L.B y su equipo fueron dados la autorización de entrevistar a los miembros de la ALKQN que estaban dispuestos a participar y ciertos documentos fueron proveídos para incluir en su trabajo. Tiene que ser absolutamente claro que los documentos que fueron proveídos no fueron los de la constitución ni de las leyes secretas de la Nación.

El libro fue hecho público y el titulo fue

simplemente nuestro nombre completo. La Todopoderosa

Nación de Reyes y Reinas Latinas tuvo una presencia en las

librerías que hablaba de nuestro punto de vista. P.L.B

coordinó unas series de apariencias como uno de los

autores del libro y compartió sus experiencias con el

público. El hablo de su involucración, de su parte en la

guía espiritual de la membresía, y lo hizo claro que la

ALKQN no es la bestia criminal que los medios públicos

nos hacen parecer. El le recordó al público que nosotros

éramos miembros de una comunidad perseguida por la ley

en maneras similares vistas en el tiempo del movimiento de

los derechos civiles. Nunca mencionando que no fuimos

culpables, P.L.B con énfasis dijo que si las acciones de

pocos iban a definir la existencia de las masas, entonces

deberíamos considerar tales organizaciones como el

Departamento Policíaco de la Ciudad de Nueva York bajo las mismas normas.

Fue un tiempo extremamente difícil para la Nación cuando P.L.B hizo su libro público. Nos estábamos recuperando de "Operación Corona" (Operation Crown), la invasión federal mas grande desde prohibición donde mas de cien miembros de la Nación fueron arrestados. Muchos de los Reyes quienes trabajaron con P.L.B durante la creación de su libro ya no eran tan fácil de comunicar como antes. Esto incluye a Rey Tone que pronto después fue sentenciado a servir doce años en la prisión federal.

Fue durante este tiempo que empezamos a ver a P.L.B. actuar de una manera que sobrepasaba el límite de un extranjero o una persona sin membresía. El empezó a posesionarse, el mismo, como autoridad sobre la ALKQN y aun que nunca reclamo ser miembro de la Nación, el se presento de una manera muy estrategia que hico a muchos

creer que era miembro de la Nación. A pesar del acceso

que le aviamos proveído, a pesar de todos los Reyes y

Reinas que conocía, a pesar de todos los proyectos en los

que el estaba envuelto, a pesar del honor que le aviamos

dado, P.L.B no era miembro de la Todopoderosa Nación de

Reyes y Reinas Latinas. El no es y nunca fue un Rey

Latino.

A lo que el ambiente político parecía cambiar en la

ciudad de Nueva York, nuestra comunidad parecía estar en

las mismas, echando hacia atrás. Rey Tone ahora estaba

preso en la federal, al igual que otros líderes bien conocidos

y mantener comunicación fue bastante difícil en las mejores

situaciones. Muchos en las calles se aprovecharon de la

situación y se aseguraron que un sentido de desarreglo

fuera formado. La oportunidad para líderes egoístas y

liderazgo dividido se presento y fue claramente

capitalizado. Las cámaras pararon de gravar y los

reportistas dejaron de llamar, pero nuestra imagen ya había

sido solidamente presentada al mundo. El encarcelamiento

de Rey Tone y la sentencia cruel y inhumanitaria de Rey

Blood anos atrás ahora sirvieron como acciones definitivas

que martirizaron estos dos individuos. Sus nombres, al

parecer, son tarjetas de acceso para todo el mundo en el

Internet que quieren presentarse como miembros dedicados

a la Nación. Mientras tanto Rey Tone, hasta esta fecha, solo

a sido visitado por un solo hermano de la ALKQN,

ningunos de los activistas ni lideres políticos que trabajaron

con nosotros y hicieron el compromiso de ayudarlo han ido

a visitarlo (incluyendo a P.L.B), y Rey Blood sigue en

encarcelación solitaria donde a estado por doce años sin

ningún contacto humano (una sentencia sin precedente en

los Estados Unidos).

Mientras varias organizaciones continuaron a comunicarse con nosotros y preguntar por nuestra participación en convenciones, lugares de trabajos, y varias actividades en la comunidad, poca consideración fue dada a nuestra lucha interna. Parecía como que la ALKQN estuvo siendo considerada por normas diferentes donde no podíamos encargarnos de nuestras necesidades internas antes de mirar a las necesidades y asuntos de nuestras comunidades en un nivel formal.

El tiempo pasó y a lo que el Internet evolucionó en sus capacidades y funciones, el mundo empezó a encogerse. Tierras que antes se consideraban estar fuera de alcance ahora estaban a la distancia de los botones en sus teclas y comunicación entre diferentes países se convirtió tan fácil como uno hablar con su vecino. La inclusión de la ALKQN en la indisputable cultura urbana Americana y la juventud de otros países estaban hambrientos por simplemente tocar esas teclas. Desgraciadamente, el teclado que fue presionado no fue siempre el verdadero, pero en vez, una variación que aseguraba la posibilidad de la misma fama y gloria que el capítulo de Nueva York había recibido.

Capitulo 4:

Caminando Sobre Tierra Nueva

Las comunidades Latinas en la cuidad de Nueva York siempre están raptando con referencias de sus tierras de origen. Desde las paradas, desfiles culturales, ferias, la comida, la música; las islas Cuba, Puerto Rico y la Republica Dominicana siempre son representadas por la gente. Con eso dicho, no debe sorprender que la Nación había sido establecida en estas islas en finales de los 90's, y a lo que este stablecimiento no fue con el reconocimiento formal de nuestra madre tierra, pero fue entendido, por estas islas, que la Nación comenzó en Chicago y la palabra de nuestro liderazgo mayor allá sobre pasaba toda palabra y era final. Sin embargo, las islas fueron plagadas por la misma falta de confianza que los EEUU. Comunicación con el liderazgo mayor en Chicago fue esporádico y fue

bien difícil verificar quien es quien y que, si cualquier cosa,

era autorizado. Muy pocos Reyes y Reinas eran

consistentes en sus acciones y a lo que la Nación crecía

rápidamente, el propósito original de la ALKQN se estaba

diluyendo.

Nuestro compromiso a la comunidad se convirtió

mas en poesía que acción y Reyes y Reinas en todas partes

solo se preocupaban con su presentación y popularidad.

Debe ser entendido que en la base ó fundación de nuestra

constitución existe la filosofía para crearnos en líderes

servidores. Estábamos supuestos trabajar para nuestra

comunidad detrás de la escenas. Nunca fuimos creados

para gritar desde las alturas de los montes que somos Reyes

y Reinas Latinas. Esto siempre ha sido y continúa siendo

entendido claramente en las calles de Chicago. Sin

embargo, el brillo y la fama de la vida en Nueva York no cupo bien en ciertas realidades. Como resultado parafernalia como collares, pulseras y pañuelos fueron creados y añadidos a la literatura que también estuvo siendo creada. Aunque nunca estuvo contra la constitución de la Nación un capitulo establecer sus reglas y regulaciones que específicamente atendieran sus necesidades locales, es contra la constitución crear cualquier cosa que la sustituya (la constitución). La creación y el uso de parafernalia habría sido bien si la gente no se habían obsesionado con ellas, dándoles importancia divina.

El señuelo de lucir collares sobre su cuello fue tan poderoso que se forzó ser aceptado universalmente. Hasta en Chicago, aunque no lucen collares, reconocen los collares de Negro y Oro como una representación popular de la Nación.

Con la popularidad de artículos tangibles como collares, la identificación de presuntos Reyes y Reinas Latinas se hizo extremadamente fácil. Como resultado, adolescentes a través del mundo empezaron a lucirlos identificándose como Reyes Latinos. Con información reunida de los medios comunicativos y el Internet, pudieron falsificar su entendimiento del lenguaje que es reservado para miembros oficiales del ALKQN.

La "transición política de la Todopoderosa Nación de Reyes y Reinas Latinas" mantuvo su popularidad a pesar del hecho que la Nación no fue visible en eventos comunitarios y actividades después de Operación Corona. Por que ellos fueron expuestos a nuestra reputación criminal por tanto tiempo y por que innumerables líderes ignoraron la verdad de nuestra constitución para el adelanto de sus agendas personales, fue bien difícil para la comunidad entender que no hicimos una transición a una existencia política. Lo que hicimos fue levantar nuestra misión y visión original y trabajar en cumplirlas.

La comunidad académica continuo estudiando nuestra existencia y acciones a lo que les proveímos con ejemplos modernos de una organización que fue persecutada por la ley por eventos del pasado hecho por la minoría y no lo que se hacia en el presente por la mayoría. Una de las específicas que nos desapartaba y hacia diferentes a organizaciones del pasado es el hecho de que tuvimos miembros reclamando existir no solo en los EEUU y el Caribe, pero también en Sur y Centro América al igual que Canadá y Europa.

En el 2005, fue grabado que P.L.B y C.F, un profesor en España, estuvieron en comunicación referente a la posibilidad de trabajar con la ALKQN de España similar al trabajo que P.L.B había hecho en los EEUU.

Aquí vemos otro ejemplo de P.L.B tomando la libertad de presentarse como una autoridad de la ALKQN. Aun que la comunicación que el llego a disfrutar con el liderazgo de la Nación disminuyo tremendamente, el todavía tenia información de contactos para lideres conocidos y los contacto periódicamente. Sin embargo, durante el tiempo que el se estuvo comunicando con C.F en España, el descuido informar sus acciones y los deseos de estos profesores en España a los Reyes y Reinas Latinas con cuales tenia relaciones en Nueva York.

P.L.B, junto a otros profesores de John Jay College (Universidad) en la ciudad de Nueva York, tomaron la decisión de mandar una carta a C.F en España aconsejando a los miembros del ALKQN haya a que se pongan de acuerdo trabajar con C.F y su equipo por que el trabajo que se hiciera seria modelo al trabajo que el (P.L.B) hizo en la ciudad de Nueva York. La desgracia de este evento viene del hecho que nosotros no fuimos informados de esta carta. No fuimos informados de la manera en cual P.L.B estuvo intentando comunicarse con estos individuos que reclamaban representar la Todopoderosa Nación de Reyes y Reinas Latinas. P.L.B nunca hizo el esfuerzo de verificar la validez del grupo que el estaba aconsejando comunicarse con profesores y otros consejeros académicos.

Por su participación en los documentarios de la ALKQN en NY y el libro que el co-autor sobre nosotros, su notoriedad fue indisputable. La Nación en España se puso

de acuerdo trabajar con C.F y su equipo sin vacilación.

Preparaciones se hicieron para que P.L.B llegara a España

donde el participaría en una serie de reuniones y mesas

redondas para compartir sus experiencias con la ALKQN

en los EEUU.

Todavía, no fuimos contactados.

A lo que el trabajo en España continuaba,

diferencias claras sobre las reglas y regulaciones de la

ALKQN haya y en los EEUU se convirtieron bien

evidentes a P.L.B. Unas de estas diferencias fue la realidad

que en España, la ALKQN reconocía a la Asociación Pro

Derechos de los Confinados (Asociación Ñeta) como sus

enemigos. P.L.B, a través de sus propias experiencias,

sabía que este no era el caso. La ALKQN y la Asociación

Ñeta tenían (y continúan teniendo) una fuerte relación de trabajo en la cuidad de Nueva York y el área Tri-Estatal. El liderazgo de ambas organizaciones mantiene comunicación consistente y entienden que ellos dos existen en la misma comunidad con el deseo de mejorar esa comunidad.

La realidad no fue entendida ó vivida por la Nación en España y las dos organizaciones estuvieron batallándose constantemente. Jóvenes y sus familias fueron heridos en nombre de las organizaciones cuales ni sabían que ellos (estos capítulos) existían y su única conexión oficial a nosotros aquí en los EEUU, a pesar de correos electrónicos de presuntos Reyes y Reinas, fue a través de un grupo de gente exteriores cuyo motivación por cual involucrarse nació de sus deseos de completar investigaciones académicas.

A lo que P.L.B estuvo en España el disfruto una

bienvenida real por los Reyes y las Reinas haya. Ellos

vieron su presencia como un paso mas cercano al

establecimiento de una relación formal con el verdadero

liderazgo de la ALKQN en Chicago y Nueva York

(recuerden que la percepción fue que Nueva York tenia la

autoridad de mandar fuera de su área). Bombardeado con

preguntas y posando para fotos innumerables, P.L.B les

informo a los Reyes y Reinas de España que el iba informa

a los lideres de NY de su lucha. El se ofreció como enlace,

mencionando que su único interés es que se establezca

comunicación. Cuando preguntado por Rey Tone, los

hermanos y hermanas recuerdan P.L.B decir que Tone

estaba en buen espíritu durante sus visitas. Cuando

preguntado quienes eran los lideres actuales de Nueva

York, los hermanos y hermanas lo recuerdan decir que el

liderazgo mayor de Nueva York descansa sobre los

hombros de una Reina Latina que el conocía bien y con

quien continuaba trabajando. Cuando fue preguntado por

mi y si se podían comunicar conmigo, los hermanos y

hermanas recuerdan el diciendo que yo estaba en contacto

constante con el y aun que yo estaba dispuesto a

comunicarme con ellos yo no hablaba Español.

¿Cuales son las discrepancias con estas memorias?

P.L.B hasta el día de hoy no ha visitado a Rey Tone, a

pesar de las innumerables veces que le dijo a Rey Tone que

estaría ahí. La Reina Latina que menciono ser la líder de

Nueva York no ha estado en comunicación con P.L.B por

mucho tiempo ya y no fue parte del liderazgo para nada.

Referente a mi, aunque mi Español no es perfecto, soy

bilingüe a un nivel de funcionamiento, mas no había

hablado con P.L.B en bastante tiempo y claramente no sabia que el estuvo en España.

Al regresar, P.L.B me contacto y me explico que el había ido a España como un invitado a una conferencia. El dijo que haya había conocido miembros de la ALKQN en España y sentía que tenia que ponerme en comunicación con ellos ya que el entendía la importancia de nosotros estar organizado y organización no puede llegar acabo sin comunicación. El me menciono que había oído historias de problemas entre la ALKQN y la Asociación Ñeta, y quería ayudar parar la violencia innecesaria que estaba pasando. El no menciono la carta que había escrito ni las respuestas que dio a las preguntas que se les hicieron.

En Junio del 2006, profesores y organizaciones que estaban trabajando con P.L.B, me mandaron a una

Conferencia en Genoa, Italia referente a la Todopoderosa

Nación de Reyes y Reinas Latinas y la Asociación Ñeta.

Durante mi tiempo allí presenté, junto al liderazgo de la

Asociación Ñeta y una oficial de las Reinas Latinas de

España, la realidad de que las dos organizaciones no son

enemigas. Hable sobre la verdadera historia de la Nación y

conocí adolescentes quienes aun que no eran de edad legal

por normas Americanas, vivían vidas bien adultas en un

país que no era de ellos. 99% de los adolescentes que

conocí en Italia que reclamaban ser miembros del capituló

del ALKQN haya eran de ascendencia Ecuatoriana. Sus

familias salieron de Ecuador en busca de una vida mejor y

ahora vivían en un país que no estaba exactamente

contentos con su presencia.

Forzados a aprender un idioma en lo que de vez en

cuando eran comunidades hostiles, estos jóvenes

(masculino y femenino) se presentaban con respeto y pasión. Ellos anhelaban ser reconocidos como miembros oficiales de la Nación que ellos representaban con su vestuario, su hablar, y sus símbolos manuales. En hablar con la Reina Latina que participo conmigo en la conferencia, aprendí que la dinámica en España reflejaba la que note en Italia. Ella explico que la mayoría de Reyes y Reinas haya eran de ascendencia Ecuatoriana y a lo que ella compartía su historia personal de la Nación conmigo, comencé a realizar gran discrepancias en lo que fue entendido como la verdad y lo que la verdad actualmente era.

Al regresar de Italia, inmediatamente hice arreglos para viajar hacia Chicago y compartir mi experiencia con el liderazgo mayor. El concepto de la ALKQN existiendo en un nivel global era algo que simplemente no era

comprensible a los mayores y líderes. Al oír "Amor De

Rey! Amor De Reina!" en Italiano lleno los ojos de lagrima

a lo hermanos y hermanas de descendencia Italiana que

nunca han visitado su tierra de origen.

En mi visita a Chicago, explique que los

adolescentes se habían entregado a un concepto

del cual tenían poco conocimiento y la información que

estaban recibiendo era muy lejos de la verdad y

incomparable con la verdad. Compartí información que el

liderazgo de la Nación en Ecuador (un capitulo reconocido

por Nueva York bajo suposiciones falsas que podía

reconocer a otros capítulos) reclamaba autoridad sobre los

capítulos en Italia, España, Canadá y Bélgica. Hablamos

de la necesidad que la gente tenia por un liderazgo

tangible. Hablamos de la necesidad de la gente tener

acceso a la verdad, nuestra constitución, nuestra historia,
etc. Era claro que la Nación ya no podía ignorar estas
necesidades y adiciones fueron hechas al liderazgo mayor
de la ALKQN en un nivel global, incluyendo la creación de
los Consejeros Globales. Yo fui elegido para servir como
uno de los dos consejeros. En esta capacidad estuve
directamente responsable por asegurar que la verdad de
nuestra constitución fuera accesible y adherida por todos
reclamando ser miembros de la Nación...dentro y fuera de
los EEUU.

Durante los próximos dos años una campaña fue
montada; Una campaña de verdad, sinceridad, devoción,
consistencia y realeza. Por la primera vez en la historia de
la Nación, viajes fueron hechos por verdaderos miembros
del liderazgo a varios Estados de los EEUU y países que
reclamaban afiliarse con la Todopoderosa Nación de Reyes

y Reinas Latinas. La comunicación alcanzó niveles imprescindibles mientras atención fue enfocada en tecnología y accesibilidad. El único sitio Web autorizado y oficial de la ALKQN fue creado (www.alkqn.org), telé conferencias nacional e internacionales tomaron lugar y agendas para nuestro progreso y rectificación de varios fallos fueron puesto en lugar.

Durante mis viajes en Europa, el Caribe y Norte América, tuve la oportunidad de conocer muchos hermanos y hermanas quienes ojos contaban historias de lucha, sufrimiento, sacrificio, dolor, y perdida; pero también tuve la oportunidad de conocer a muchos hermanos y hermanas cuyos ojos contaban historias de triunfo, fuerza, placeres, y ganancias. Lo que era consistente es que la Todopoderosa Nación de Reyes y Reinas Latinas era y sigue siendo, buscada por Latinos por todo el mundo. La Nación no simplemente sirvió como una organización inspiradora, pero la gente luchaban por ser parte de ella personalmente y querían Negro y Oro, como definido por la constitución original de Chicago, que existiera en sus barrios. Sintiéndose divinamente inspirados, ellos adornan cada aspecto de sus vidas con ejemplos de la ALKQN y reclaman que nada nunca los ha describió con tanta precisión y convicción como lo hace la Nación.

Desafortunadamente, entre estos hermanos y hermanas quienes son sinceramente cometidos a lo que conocen como la ALKQN, existen aquellos con sus agendas personales. Estos individuos han tomado parte de la verdad (o lo que se les enseño como la verdad) y le añadieron sus ideas personales, filosofías y deseos. La mezcla entonces fue dada de comer a la gente con cucharas de "Chicago mando esto" o "Nueva York ordeno esto".

Sin embargo, como confirmamos antes, hasta la creación

del Consejo Global, ninguna orden fue mandada de parte de

la Madre Tierra de la ALKQN a nadie fuera de los EEUU,

y Nueva York nunca tuvo la autoridad para dar ordenes de

ninguna clase afuera de Nueva York. Sin embargo, la

gente fue llevada a creer estas medias verdades y clara

mentiras.

Como mencionado anteriormente, fui informado

que muchos supuestos capítulos fuera de las EEUU estaban

bien influidos por y subordinado al liderazgo de Ecuador.

Un ex miembro de la Nación conocido como Rey Majesty

fue uno de los líderes que expreso falsa autoridad fuera de

su país de origen...Ecuador. Durante mis viajes fui

informado, en varias ocasiones, de las innumerables reglas

que habían sido creadas en Ecuador e impuesta a la gente

de otros países. Estas reglas variaban entre miembros

teniendo que soportar al liderazgo monetariamente, costo implementado para obtener literatura ha tatuajes siendo mandatarios y conectados a varias etapas de membresía en la Nación. Creyendo con todo corazón en equidad y justicia, inmediatamente contacte a Majesty (el todavia tenis su membresia) y le exprese mi preocupación. En muchas de nuestras conversaciones el me aseguro que toda la información que estaba recibiendo era falsa y creada por individuos que lo enviaban a el y sus logros. El me aseguro que nunca izó mandatario que se le entregara dinero y que nunca se presento como una autoridad fuera del Ecuador. Su punto a mi fue que el simplemente quería hacer todo lo que pudiera para asistir en el progreso de la Nación por completo. El expreso desagrado con el hecho de que por tanto tiempo la Madre Tierra no asistió a la gente, pero también admitió que el nunca tuvo contactos reales con la

Madre Tierra para pedir asistencia y no estaba al tanto que ellos (Madre Tierra) no estaban oficialmente enterados de la existencia de la Nación a nivel global. El tampoco tenia conocimiento del hecho que ordenes nunca fueron dadas de extender la Nación de tal manera.

Por más de un año y medio Majesty y yo mantuvimos comunicación constante, como lo hice con varios miembros de la Nación a nivel nacional e internacional. Esfuerzos se estaban haciendo para asegurar que los errores del pasado no fueran repetidos y el sufrimiento de la gente causado por tales dolencias como ignorancia, llegaran a su fin. Durante este tiempo, el envolvimiento de gente de afuera interesados en nuestras acciones estuvo extremamente alto. En varias ocasiones conferencias fueron implementadas en Italia y España y universidades estaban absorbiendo los gastos para asegurar que yo estuviera presente. Sin embargo, al mismo tiempo que nos estábamos moviendo adelante, había pasas dado hacia atrás en las sombras.

Gente de afuera como P.L.B y M.C (un investigador de Ecuador) sintieron que habían logrado sus derechos de involucrarse en los tratos íntimos de la Nación y individuos como Majesty les permitían hacer lo. En un corto periodo de tiempo estábamos atendiendo problemas existían por mas de la ultima década y la verdad de la Todopoderosa Nación de Reyes y Reinas Latinas fue bien difícil para muchos entender, aceptar y con cual vivir. Preguntas fueron hechas que desafiaban la autoridad de muchos individuos que habían beneficiado personalmente de la ignorancia de la gente. Los de afuera vieron esto y envés de entender la necesidad de echarse a un lado y darnos el tiempo necesario para atender nuestros propios asuntos, formaron equipos y se metieron mas hondo. Ellos

empezaron a llenar las mentes de todos que los escucharan

con ideas de independencia de la constitución de la

ALKQN de los EEUU. Se convirtieron en expertos en

decirle a la gente lo que querían escuchar siempre y cuando

la gente les diera acceso.

Para el comienzo del 2007, nosotros (el liderazgo

mayor de la ALKQN) habíamos implementado un proceso

para formalmente reconocer capítulos de la Nación en los

EEUU y en el extranjero. Uno de mis mayores

preocupaciones, siendo el que tomo los viajes formales, era

que los sacrificios y la lucha de las masas fueran

reconocidas y consideradas. Esto significo que si un

individuo había vivido los últimos diez años de su vida

creyendo que era miembro de la ALKQN, pero sabia nada

de la verdad de la ALKQN, ellos serian reconocidos como

miembros que habían cumplido diez años si estaban

dispuestos aprender, entender, aceptar y vivir por la verdad.

Mientras la mayoría aceptaron los cambios y abrazaron el

envolvimiento atrasado de la Madre Tierra en sus vidas,

existía una minoría que sentía que no tenían que cambiar

sus maneras por que ellos estaban sobre la Madre Tierra de

la ALKQN. Ellos sentían que por que hicieron ciertas

cosas de cierta manera por tanto tiempo sin el

envolvimiento de los EEUU, ellos tenían el derecho de

continuar. Lo que ellos fallaron realizar, entender y aceptar

fue que a la Nación que ellos reclamaban tanta lealtad y

compromiso fue creada en los EEUU, específicamente en

Chicago y el liderazgo mayor, al igual que, la constitución

original vino de aquí (EEUU). Estuvimos más que

dispuestos hacer ajustes, entender las tribulaciones de la

vida en diferentes países, aprender y atender las diferentes necesidades de la gente a nivel global; pero, no estábamos, ni estamos, dispuestos a sacrificar nuestra constitución por que personas decidieron reinventar la Nación para su beneficio.

En Octubre de 2007, el liderazgo mayor decidió investigar la Nación en Ecuador como resultado que muchos hermanos y hermanas, en los EEUU y en otros países, hicieron bastante acusaciones de actividades tomando lugar en desafió total de nuestras leyes. Por que estuve en comunicación con Majesty durante el tiempo que esta decisión fue tomada, personalmente le avise de la decisión cuatro horas antes que la Nación, por completa, fuera informada. Queríamos hacerlo abundantemente claro que esta investigación fue de la Nación en Ecuador por entera, y no sobre un solo individuo.

Por treinta y un días todos Reyes y Reinas que tenían conocimiento de los eventos que transpiraron en Ecuador fueron brindados la oportunidad para presentar su caso vía correo electronico. Durante ese tiempo mas de 100 correos electrónicos fueron recibidos contra el liderazgo en Ecuador...ni uno fue recibido en apoyo. Acusaciones de ser explotados financieramente fueron acompañadas con recibos que comprobaban cantidades astronómicas siendo mandadas al Ecuador de España. A pesar de los cuidadosos pasos que tomamos para asegurar que ningún individuo fuera marginado, Majesty junto a otro ex miembro de la Nación conocido por Jostyn, tomaron la defensiva y comenzaron atentar desacreditar la investigación, mi persona y otros miembros del liderazgo mayor. A través de correos electrónicos y mensajes en grabadoras telefónicas a mi, al igual que a Reyes y Reinas en otros países, Majesty y Jostyn expidieron amenazas y hicieron claro que ellos no iban a seguir la constitución de la ALKQN o las ordenes del liderazgo mayor en la Madre Tierra.

Durante este tiempo, Majesty había promovido su relación con M.C y P.L.B y les dio acceso a información que ellos usarían en su próximo libro. Innumerables hermanos y hermanas que residen en Ecuador, no sabiendo todo lo que estaba sucediendo, sintieron que la Nación los estaba atacando y entonces se revelaron contra la Madre Tierra y la verdadera esencia de la ALKQN. Durante este tiempo Majesty y Jostyn también formaron una corporación en Ecuador titulada "ALKQN Corp", cual nosotros oficialmente denunciamos no tener nada que ver con la Todopoderosa Nación de Reyes y Reinas Latinas.

La investigación llego a la conclusión de la expulsión y abolición de varias reglas que fueron creadas en Ecuador, pero presentadas como que vinieron de los EEUU. Majesty y Jostyn también fueron expulsados de la Nación por varias razones, incluyendo pero no limitado a, la flagrante falta de respeto hacia el liderazgo mayor, expedición de amenazas contra hermanos y hermanas y no tomar en cuenta la verdadera constitución.

Como prefacio anterior, esto fue solo un ejemplo de la Nación abordando los años de engaño y corrupción que existía. Nunca reclamamos tener todas las respuestas o soluciones...lo que tenemos es un entendimiento de donde venimos y donde tenemos que ir. Este entendimiento solo puede ser obtenido vía acceso a la verdad de nuestra querida ALKQN, entonces la verdad tiene que ser puesta en las manos de la gente...donde pertenece hoy y siempre.

Capitulo 5:
Membresía Es Un Privilegio…No un Derecho

El amor que verdaderos Reyes Latinos y Reinas

Latinas sienten por su Corona y Nación es un amor que

puede comandar capítulos innumerables en libros

innumerables. La pasión con cual proclamamos nuestro

compromiso a la ALKQN es puro fuego que les pinta a

todos en su camino Negro y Oro. Las paginas anteriores a

cuales ustedes fueron expuestos no son, en ninguna forma,

la historia completa de nuestra globalización. Al contrario,

son solo una vislumbre dentro de nuestra existencia

inspirada por nuestra lucha, nuestras victorias y nuestros

logros. No seguiremos permitiéndonos ser espécimen de

académicos, investigadores o periodistas que no están

necesariamente interesados en la verdad como

verdaderamente existe...pero envés están interesados en la

verdad como más conveniente sea para ellos decirlas. Nosotros no solo tenemos una voz, tenemos un deseo de hablar y estamos llenando ese deseo ahora.

La Todopoderosa Nación de Reyes y Reinas Latinas no es la organización delictiva que muchos la han hecho ser. Nuestra constitución no nos instruye a destruir la sociedad en cual vivimos; envés, nuestra constitución nos instruye a que aprendamos el arte de liderazgo sirviente y que nos dediquemos al progreso de nuestra comunidad. Sin embargo, un documento no reúne su poder de las páginas en cual esta impresa...su poder viene del corazón y la mente que lo imprime y lo publica en la conciencia de un individuo y lo reproduce vía sus acciones.

A pesar de nuestro deseo de seguir adelante, continuamos sufriendo de tales plagas como ignorancia, envidia y egoísmo. Muchos continúan llamándose

miembros de la ALKQN aun que cada uno de sus respiros

contradice nuestros verdaderos principios. Muchos han

encontrado comodidad en su confusión conciencia y creen

que Negro y Oro son simplemente colores que pueden

utilizar para hacerse populares. Muchos leerán estas

palabras y les facilitaran el poder de jalar tiras de títeres a

las fuerzas que buscan negarnos, cortaran sus ojos y harán

muecas con sus labios. Ellos sentirán que el "trabajo" que

han hecho por su corona le da el derecho de ser medido por

estándares diferentes a los demás. Ellos continuaran

identificándose con cierta clica, cierto titulo, cierto

documento o cierta persona. Mientras en su corazón puede

ser que sepan que están mal, ellos no permitirán que este

conocimiento superficie a su mente y cambie su rutina de

destrucción.

Muchos encontraran consuelo en el abrazo de gente de afuera que han establecido una presencia permanente en la tierra de interferís. Ellos predicaran justicia y conocimiento, desciendo que ellos simplemente quieren ver que nuestra gente progrese. Sin embargo, ellos no le darán mente a las vidas que ellos han dañado, el dolor que han causado y la destrucción que ellos están promoviendo. Mientras no siempre sabemos la manera correcta, si conocemos los caminos que andamos. Estos caminos no pueden ser entendidos atendiendo unas cuantas reuniones como invitado o cenando con unos cuantos amigos que haya hecho en la Nación. Cuando uno se arrodilla delante del Padre Todopoderoso, Rey de Reyes, y acepta su corona como Rey Latino/Reina Latina, ellos están tomando una decisión que los afectara para siempre.

Todos tenemos un trabajo que hacer para todos ser exitosos, tenemos que entender cada aspecto de ese trabajo y respetar las responsabilidades de esos a nuestro alrededor.

A lo que usted vira estas paginas, individuos que han sido expulsados continúan presentándose como miembros activos de la ALKQN. Gente de afuera han tomado la libertad de depreciar nuestro protocolo y formar alianzas con ex miembros llenándolos con ideas de revolución contra lo que ellos han eticado como un sistema opresivo. Ellos consideran nuestra constitución, nuestra historia, nuestras leyes y nuestras tradiciones como simple hábitos malos y texto anticuado. Ellos no pueden ver el verdadero movimiento de la ALKQN por que son impedidos por su propio interés. Esos que continúan a considerarse miembros a pesar del hecho que han recibido su expulsión reclaman ser leones que andan en junglas de confusión y solo su rugir puede lograr la unión. Ellos

fallan reconocer que la membresía es un privilegio y no un

derecho.

Como es el caso en muchas organizaciones,

tenemos nuestras políticas...buenas y malas. A veces

podemos pedirle a alguien de afuera que mire hacia dentro

y nos provee con su opinión; sin embargo, su opinión no es

y nunca será palabra final.

"La Globalización Oficial de la Todopoderosa

Nación de Reyes y Reinas Latinas" es un proceso...no un

acto simple.

Como una Nación tenemos que crecer mas allá de

las mentiras, la negatividad y la ignorancia que nos

mantiene ahogados en un mar de indolencia.

Como miembros de la comunidad, tenemos que crecer más allá de los estereotipos y recordar que no estamos encima de la responsabilidad social.

Mi trono existe en las almas de los pies de mi comunidad. Cada día me ciento y preparo para ser tropezado por ellos que son mi reflejo social y cultural. Mientras otros ven esto como un castigo, yo lo veo como un honor; pues cuando el Padre Todopoderoso me pida pararme, lo hago inevitablemente alzando a mi comunidad.

¡AMOR DE REY!

¡AMOR DE REINA!

¡AMOR DE CORONA!